ELEMENTOS DE DIREITO ECLESIÁSTICO BRASILEIRO

EDSON LUIZ SAMPEL

ELEMENTOS DE DIREITO ECLESIÁSTICO BRASILEIRO

EDITORA
SANTUÁRIO

Direção Editorial:
Pe. Fábio Evaristo R. Silva, C.Ss.R.

Conselho Editorial:
Ferdinando Mancilio, C.Ss.R.
Gilberto Paiva, C.Ss.R.
José Uilson Inácio Soares Júnior, C.Ss.R.
Marcelo da Rosa Magalhães, C.Ss.R.
Mauro Vilela, C.Ss.R.
Victor Hugo Lapenta, C.Ss.R.

Coordenação Editorial:
Ana Lúcia de Castro Leite

Revisão:
Bruna Vieira da Silva

Projeto Gráfico e Diagramação:
José Antonio dos Santos Junior

Capa:
José Antonio dos Santos Junior

Dados Internacionais de Catalogação na Publicação (CIP) de acordo com ISBD

S192e   Sampel, Edson Luiz

Elementos de direito eclesiástico brasileiro / Edson Luiz Sampel. - Aparecida, SP : Editora Santuário, 2019.
208 p. ; 14cm x 21cm.

ISBN: 978-85-369-0608-9

1. Direito. 2. Direito eclesiástico brasileiro. I. Título.

2019-1342   CDD 340
                                                       CDU 34

Elaborado por Vagner Rodolfo da Silva - CRB-8/9410

Índice para catálogo sistemático:
1. Direito 340
2. Direito 34

1ª impressão

Todos os direitos reservados à **EDITORA SANTUÁRIO** — 2019

Rua Padre Claro Monteiro, 342 — 12570-000 — Aparecida-SP
Tel.: 12 3104-2000 — Televendas: 0800 16 00 04
www.editorasantuario.com.br
vendas@editorasantuario.com.br

SUMÁRIO

Apresentação 7
Prefácio 11
Introdução 13

I. Preâmbulo da Constituiçao Federal 35
II. Liberdade de consciência e de crença 61
III. Assistência religiosa e educação confessional 83
IV. Direito natural e moralidade administrativa 101
V. Ensino religioso 139
VI. Casamento religioso 161

Anexo: Acordo Brasil-Santa Sé 191
Bibliografia 203

APRESENTAÇÃO

O direito eclesiástico brasileiro é o ramo do direito público que estuda as normas constitucionais disciplinadoras dos assuntos religiosos. Como se costuma repetir à saciedade, o Estado é deveras laico, contudo, por não ser laicista, isto é, antagônico à religião, o Estado valoriza e protege as diversas expressões religiosas do povo brasileiro.

Em nosso país, – é truísmo dizê-lo – o cristianismo constitui a religião preponderante e majoritária. Com efeito, o Brasil fundou-se com a celebração de uma santa missa, dita aos 26 de abril de 1500 por um frade capuchinho, membro da tripulação de Cabral, frei Henrique Soares de Coimbra. A análise dos dispositivos constitucionais atinentes à religião revelará constantemente o viés do cristianismo. Mas, é claro, o Estado, mormente a carta política, não faz acepção de credo religioso e, por conseguinte, confere igual desvelo a todas as confissões.

Outrossim, é mister explicar que o direito eclesiástico, esgalho do direito público interno, como escrevemos acima, difere do direito canônico. Este último compõe o conjunto de normas jurídicas que regem a vida dos católicos no grêmio da Igreja; é direito paraestatal, como, por exemplo, o direito desportivo. O direito eclesiástico brasileiro tem como fonte primordial a constituição da república e, por isso, é direito estatal por excelência. Infelizmente, as temáticas do direito eclesiástico brasileiro são geralmente tratadas, de passagem, nos manuais dos constitucionalistas ou de doutrinadores de diversas áreas jurídicas. Desta feita, o direito eclesiástico brasileiro, por seu turno, propõe-se o estudo aturado, concentrado, autônomo e específico das normativas constitucionais de matriz religiosa.

Este livro, "Elementos de direito eclesiástico brasileiro", possui o humilde escopo de comentar os principais pontos ou "elementos" do direito eclesiástico brasileiro, sem, é óbvio, a pretensão de exaurimento da matéria. É obra inédita na bibliografia jurídica pátria! Assim, disserta-se acerca de temáticas relacionadas à religião: a promulgação da constituição, no preâmbulo, sob a proteção de Deus e os corolários jurídicos e éticos desse acontecimento; a sociedade fraterna ou irmã, qual *modus vivendi* eminentemente cristão (somos todos irmãos, porque Deus é nosso Pai comum), a nortear os rumos do Brasil; o ensino religioso, única disciplina escolar referida na constituição; o casamento e a família; a moralidade ou moral administrativa, embasada na moral cristã; a própria liberdade religiosa etc.

Esperamos colmatar certa lacuna na literatura jurídica brasileira, chamando a atenção para a necessidade imperiosa de os operadores do direito empreenderem interpretações da carta magna, bem como do ordenamento jurídico, consentâneas com o espírito cristão que permeia a lei das leis. Desafortunadamente, o enfoque positivista dos estudiosos, e também de juízes, promotores e advogados, no labor quotidiano, tem provocado o absurdo da negação do primado do espírito sobre a matéria. Neste sentido, a justiça, em si, resta comprometida e dilacerada, porquanto as exegeses da lei, muita vez, deslembram a alma cristã da constituição vigente. Caso emblemático, tratado neste livro, diz respeito à ação de inconstitucionalidade proposta no Supremo Tribunal Federal contra o artigo 11 do Acordo Brasil-

-Santa Sé. Por um triz (o placar no STF foi de 6 a 5), algo absolutamente evidente e corroborado pela tradição constitucional brasileira, qual seja, a natureza do ensino religioso preceituado na constituição como o ensinamento das várias religiões do Brasil (catolicismo, protestantismo, judaísmo etc.), correu o risco de se diluir em história da religião ou filosofia da religião, em virtude de filigranas jurídicas e raciocínios sofísticos.

A presença da religião no Estado laico brasileiro se faz premente o tempo inteiro, principalmente na constituição federal. Isto se dá pelo fato de o povo brasileiro, profundamente cristão, desejar construir uma sociedade alicerçada nos valores do evangelho. Infelizmente, uma minoria luta por solapar esse ideal de sociedade fraterna e procura inculcar conceitos antitéticos e desabonadores ao cristianismo, a despeito da clareza do texto constitucional. Por conseguinte, é necessário haurir na constituição federal os máximos valores da pátria e exigir sua implementação no dia a dia. Tal liça compete a todos os brasileiros e, particularmente, aos que se debruçam no estudo do direito.

O autor

PREFÁCIO

Quando o doutor Edson Luiz Sampel propôs-me a incumbência, segundo ele, de *redigir o prefácio* de sua obra, muito embora a aceitação fosse imediata, fi-lo, muito mais movido pela afeição com o autor que propriamente por entender-me habilitado ao mister.

Ao tomar contato com seu fleumático conteúdo e apropriar-me de suas corajosas incursões sobre temas espinhosos e atuais, convenci-me que o professor efetivamente deu-me imerecida honraria, a de ocupar espaço tão singular em trabalho tão virtuoso, fecundo e palpipante.

O autor tem seu nome grafado em tintas doiradas entre os canonistas pátrios. Conheço-o há mais de vinte anos como homem de letras e de religião. Sua alma ressoa sempre inquieta com a quietude do mundo sobre os temas que escreve. Seu ELEMENTOS DE DIREITO ECLESIÁSTICO BRASILEIRO é um primor. É um passeio cultural sobre os desígnios da nossa Constituição, a liberdade de consciência e crença, a assistência religiosa e a educação confessional, o direito natural e a moralidade administrativa e vai a seu talante revolver o perigoso terreno do ensino religioso na escola pública e ainda encontra fôlego para incursionar em meritório estudo sobre o casamento, ante as diversas formas de homossexualidades, enfrentando tudo à luz de cânones consagrados pela Igreja.

O trabalho é denso, a escrita é direta e as linhas de raciocínios são claras. As temáticas vertidas no arcabouço laborativo são atualíssimas e impactam diretamente o ser que se permita investigar e valorar a crucialidade de cada uma delas.

Entrementes, é imperioso que se destaque a leveza da obra, sua graciosidade e sua riqueza. Receber o conhecimento legado por E.L. Sampel aqui modelarmente dedicado ao leitor é privilégio que encantará por certo a todos.

Deus seja louvado, lembra ele, das inscrições nas cédulas de pecúnia e sua aparente contradição. Deus seja louvado, digo eu, expressando a gratidão de estar aqui e de ter sido o primeiro a aplaudir e exaltar o ineditismo, a coragem e a centelha criativa empregados no ELEMENTOS. Se é verdade que não se fazem omeletes sem quebrar ovos, Sampel nos desvenda as delícias que delas se extraem e os benefícios lá contidos.

Em tudo há perfume e lealdade por aqui. Entretanto, a apresentação crítica e construtiva do acordo Brasil-Santa Sé é algo tão maravilhosamente vertido em palavras e tão artesanalmente engenhado que fará esta uma peça essencial a habitar o coração e os lares de todos os católicos brasileiros.

Nery da Costa Júnior
Vice-Presidente do Tribunal Regional
Federal da Terceira Região

INTRODUÇÃO

1) Dimensão jurídica civil do fenômeno religioso

O ordenamento jurídico do Estado não pode subtrair-se à necessidade de regular certos aspectos relacionados com a religião, que é realidade importante para a vida de milhões de pessoas e configura fenômeno social de proporções notáveis. No seio dos sistemas democráticos que reconhecem a distinção entre a esfera política e a espiritual assim como a autonomia das confissões religiosas, o direito estatal não tem por objeto o religioso enquanto tal, circunscrito aos ordenamentos internos das confissões religiosas, mas as manifestações da religião que adquirem relevância social no âmbito de competência do direito do Estado.

O que se afirmou acima goza de validez universal e, portanto, constitui característica de todos os sistemas jurídicos, seja qual for a valoração que a religião mereça e a posição que o Estado mantenha diante dela. Em alguns países europeus, pelo considerável volume normativo e a específica tradição jurídica nacional, a regulação jurídica do fenômeno religioso deu lugar à configuração de um setor do ordenamento relativamente autônomo, denominado *direito eclesiástico do Estado*, ou, simplesmente *direito eclesiástico*. Nesses países, o direito eclesiástico começou a ser cultivado como parte da ciência jurídica e encontrou espaço no meio acadêmico universitário. O direito eclesiástico, assim entendido, encontra sua origem na Alemanha do século XIX, donde se estendeu à Itália e, bem posteriormente, à Espanha e a alguns países da América do Sul e do leste europeu.

No amplo conceito do *fenômeno religioso* ao qual me refiro como fator social específico gerador de relações jurídicas que constituem objeto do direito eclesiástico, pode-se distinguir um aspecto institucional ou público e outro individual ou privado. O primeiro decorre da atividade das entidades religiosas: igrejas, órgãos de governo ou administração das confissões, associações ou fundações. A dimensão individual do fenômeno religioso se refere às atividades dos particulares no exercício da liberdade de religião e dos direitos conexos, no âmbito individual, familiar e social. Sejam institucionais ou privadas, o direito eclesiástico se interessa somente pelas manifestações do fenômeno religioso que encontram relevância na comunidade política. O Estado se considera incompetente, por outro lado, nos assuntos estritamente religiosos, quer dizer, na religião enquanto tal (aspectos dogmáticos ou de organização interna das confissões, por exemplo).

Entenda-se que a incompetência do Estado é essencial. Não constitui mera opção política nem autolimitação do poder secular, mas trata-se de incompetência radical, porque a religião não faz parte da soberania política do Estado. De outra banda, os poderes públicos intervêm quando "o fenômeno religioso dá lugar a relações jurídicas que, ou são próprias da comunidade política ou civil, ou têm relevância para ela. Não é, pois, uma competência religiosa típica do Estado, mas competência política ou civil" (Hervada 167).

As legítimas faculdades de intervenção dos poderes públicos em matéria religiosa são amplas e variadas. Podem surgir na esfera patrimonial, quando as entidades religiosas contratam civil e mercantilmente; no domínio fiscal, por sujeição de entidades e atividades religiosas à potestade tributária estatal; na seara administrativa, onde surge o imenso panorama das competências do poder executivo em conexão com entidades e atividades religiosas, já em tarefas de controle (licenças, autorizações), já como fomento (ajuda, subvenções).

A competência radical da comunidade política em matéria religiosa, contudo, consiste no reconhecimento e na tutela da liberdade das pessoas e das comunidades. O critério básico regulador das relações jurídicas estabelecidas com arrimo em crenças e práticas religiosas é a garantia da liberdade, de maneira que, em matéria religiosa, ninguém seja forçado a atuar contra a consciência nem tampouco impedido de agir de acordo com ela. Neste sentido, a liberdade religiosa é parte importante do direito eclesiástico, não só como objeto, mas como o eixo da matéria e perspectiva de enfoque (Hervada 56). Juntamente com a liberdade religiosa, há que se levar em consideração os direitos fundamentais conexos, como, por exemplo, o direito de contrair matrimônio, o direito à educação, à liberdade de ensino, à liberdade de cátedra etc.

A incompetência do Estado em matéria religiosa, nos termos aqui expostos, contribui para pôr em relevo o "fato diferencial" do direito eclesiástico e justifica sua autonomia como especialização jurídica. Com efeito, a fragmentação do direito eclesiástico e a integração de suas normas nos diferentes ramos do ordenamento jurídico não permitiriam captar a singularidade do direito eclesiástico em face dos diversos ramos. A religião não é assunto sobre o qual o Estado seja propriamente competente, porquanto tem ela características distintas, a respeito das quais o Estado tem competência apenas sob determinada nuança específica.

2) Fatores determinantes da evolução histórica do direito eclesiástico

O direito eclesiástico, como acaba de ser descrito, é fruto de larga evolução histórica, que se reflete, entre outras coisas, na própria denominação da disciplina. Cuida-se de termo convencional – direito eclesiástico – que não expressa adequadamente o que em realidade significa. A interpretação literal remete à ideia de origem eclesial das normas. O direito eclesiástico seria simplesmente o direito da Igreja. Assim foi durante muitos séculos. A Igreja ostentava pacificamente a competência exclusiva sobre *matéria religiosa*, que se estendia à sua própria organização e vida interna, bem como ao desenvolvimento de suas atividades. Mais ainda, a competência jurídica eclesial alcançava o âmbito secular por via indireta – ou mesmo direta – *ratione peccati* (*potestas directa vel indirecta in temporalibus*). Em qualquer caso, não havia dúvida de que a expressão direito eclesiástico, nesses contextos históricos e doutrinais, fazia referência à origem ou à fonte das normas jurídicas. Hoje o sentido é justamente o contrário: o direito eclesiástico é o direito do Estado sobre matéria religiosa. A mudança de significado ocorreu paulatinamente, durante o largo período de tempo que transcorre entre os séculos XVI e XIX, como resultado da confluência de múltiplos fatores. Para fins de clareza expositiva, poderíamos mencionar três grandes elementos aglutinadores: o religioso, o político e o jurídico; todos eles, obviamente, em estreita relação de recíproca dependência. Já se entende que não nos reportamos aqui ao problema da nomenclatura, vale dizer, qual deva ser a denominação correta da disciplina. O que interessa é discorrer sobre a compreensão ao longo do período de referência dos liames entre religião e direito, jurisdição eclesiástica e secular e as soluções que se encontram no seio da comunidade política.

A reforma protestante foi algo mais que um episódio religioso, ainda que houvesse, indubitavelmente, decisivas consequências nessa área. Constituiu elemento relevante do processo que culminou na modernidade, o qual, como corresponde a toda mudança de época, alcançou não apenas as formas políticas, como também a cultura e a compreensão dos valores. Para o que nos interessa, a reforma se inspirou na religião como realidade eminentemente pessoal, interna e subjetiva, favorecendo – como tantas vezes já se disse – a tendência à privatização do fenômeno religioso.

O espiritualismo próprio das igrejas reformadas e a consequente renúncia à *potestas sacra* levou a colocar nas mãos do príncipe secular amplos espaços do exercício prático da jurisdição eclesial e, além disso, serviu como preciosa justificativa teórica da intervenção secular em matéria religiosa. O direito eclesiástico, nesse momento, perdeu seu caráter unívoco como *direito da Igreja de Roma*, passando a referir-se a regime normativo procedente de múltiplas fontes de produção, entre as quais as igrejas protestantes e os príncipes seculares.

A sincronia entre a evolução das ideias religiosas e políticas no agitado decurso do século XVI não poderia ser produzida com maior exatidão. A nova pretensão de soberania religiosa confluiu com a eclosão da figura do Estado moderno, que reclamava o poder absoluto no seu âmbito e buscava afirmar-se, em reivindicação aberta frente ao império. A especial relevância do religioso na vida social fazia desse elemento peça essencial no desenvolvimento do novo programa político. A soberania nacional, como ideia-eixo da concepção de Estado moderno, evoluiu até formas de absolutismo político, que exigiam o controle de todas as dimensões da vida pessoal e social, propiciando a subordinação da religião ao poder secular.

O fundamento ideológico da abordagem política ora brevemente descrita inspirava-se no pensamento do iluminismo. A nova filosofia vai refletir o espírito da época, caracterizado pela confiança na razão e na ciência e pelo deslocamento do centro de gravidade da ordem social, do teocentrismo tradicional à concepção segundo a qual o homem é a referência do mundo e da vida. Tratava-se de pensamento fortemente crítico a respeito da herança cristã, que rompia, se não com toda a ideia de transcendência, ao menos com a ideia de revelação.

A filosofia da ilustração teve reflexo no conceito de direito mediante o novo jusnaturalismo de corte racionalista. Frente à tese clássica, segundo a qual o fundamento do direito se encontra na revelação divina – *in lege et evangelio*, – conforme a expressão do Direito de Graciano, sustentava-se que o direito descansa no *eternamente justo*, conhecido mediante a razão. O direito era concebido como realidade humana e inteiramente à medida do homem, independentemente de Deus, até o ponto de que existiria e poderia ser igualmente conhecido *etiamsi daremus... non esse Deum, aut non curari ab eo negotia humana*, por não elucidar a conhecida sentença de Grocio (Grocio 5).

No calor de algumas demandas políticas nada desprezíveis, que reclamavam algum tipo de solução ao problema das perseguições e guerras religiosas, os pensadores racionalistas avançam propostas de paz e de entendimento entre os povos. Começa a abrir-se espaço à reflexão sobre a tolerância religiosa que dará lugar, mais adiante, ao reconhecimento da chamada liberdade religiosa. Imbuído de tão beneméritas intenções, o pensamento ilustrado levou a cabo, quase sem ser notado, a grande mudança acerca das fontes do direito e, mais ainda, poderíamos dizer, mudou a ordem do mundo. O núcleo ideológico da filosofia racionalista aportava as bases que permitiriam chegar, posteriormente, à emancipação do direito positivo em face do direito divino. Aquele estaria chamado a refletir as exigências da razão abstrata em matéria religiosa e estaria inteiramente à disposição do legislador, conforme critérios de oportunidade.

A denominada escola racionalista do direito natural prestou, como resulta facilmente compreensível, grande atenção ao fenômeno religioso, o qual se encontrava na origem mesma das inquietudes que propiciaram a revolução das ideias. O pensamento racionalista, definitivamente, deu um passo a mais em direção de vincular o direito eclesiástico ao Estado, chamado a intervir no âmbito jurídico mediante o legislador, que emerge como o árbitro do regime de tolerância religiosa, inspirando-o, promovendo-o e tutelando-o. Cada vez mais, o Estado aparece como protagonista e grande controlador da vida religiosa da sociedade.

A crise da filosofia racionalista não podia deixar de refletir-se no âmbito jurídico, que encontrou no historicismo o contraponto do jusnaturalismo moderno. Como é bem conhecido, a Escola histórica do direito, surgida na Alemanha do século XIX, renegava a concepção do direito como sistema completo da vida social estabelecido *more geometrico*, como produto abstrato da razão. O fundamento do direito não seria racional, mas social. O direito mesmo seria, propriamente, fato social, reflexo do *espírito do povo*, que se afirma historicamente em um território e em uma comunidade.

Com tais premissas, compreende-se bem que o direito eclesiástico encontrava amplo desenvolvimento em torno da Escola histórica. Se o fundamento do direito repousa na vida do povo, a tradição religiosa está vocacionada a desempenhar particular protagonismo, por ser parte destacada da existência e da identidade do grupo social. Sem restrições de caráter dogmático ou racionalista, os seguidores da Escola histórica reconheciam como parte do direito eclesiástico todas as normas sobre matéria religiosa, independentemente de sua procedência, religiosa ou secular.

A Escola histórica enfrentou, meritoriamente, singular batalha contra a codificação e o predomínio da dogmática jurídica, porém, no fim das contas, não foi capaz de conter a corrente avassaladora do positivismo, que acabou se impondo de maneira hegemônica no mundo, na concepção do direito e na metodologia jurídica do século XX. O positivismo consuma o traslado do princípio da causalidade – no sentido em que tendia a concebê-lo a ciência experimental – à esfera jurídica, de modo que a causa eficiente e necessária do direito seria o Estado; não a regra da razão, conforme desejava o jusnaturalismo moderno, nem a tradição, consoante os postulados da corrente historicista. O positivismo, definitivamente, afirma sem ambages a estabilidade do direito, de maneira que não haveria Estado sem direito, nem poder-se-ia falar do direito fora do Estado.

3) Concepção moderna do direito eclesiástico. A escola italiana

Escusado será dizer que a mencionada abordagem filosófico-jurídica exerceu influência capital na chamada concepção moderna da *ciência do direito eclesiástico*, que confluiu precisamente no momento histórico – fim do século XI e início do século XX – em que a metodologia positivista se impôs de modo quase universal. Poderia dizer-se que o direito eclesiástico, em sentido moderno, nasceu em ambiente de radical rechaço a qualquer autoridade normativa distinta do Estado, porque não caberia junto ao Estado nenhuma instância normativa concorrente: nem o direito natural nem o direito canônico. A referência ao direito da Igreja é inevitável quando se consideram as origens do direito eclesiástico pelas óbvias relações *rationae materiae* entre ambas as disciplinas e as conexões que necessariamente deviam estabelecer entre si.

No processo de depuração técnica da noção de direito eclesiástico que se levou a cabo nesse período histórico desempenhou papel principal a doutrina italiana. O *sentido moderno* comportava concepção dualista do direito eclesiástico, referida à recíproca autonomia da Igreja e do direito eclesiástico do Estado. Com fixação no monismo tradicional, o direito eclesiástico era o resultado da confluência de normas e instituições jurídicas tanto do direito da Igreja quanto do Estado e de outras confissões religiosas. O direito eclesiástico, em definitivo, construía-se em torno da matéria religiosa. O dualismo afirmava, por seu turno, a impossibilidade de reduzir à unidade o direito da Igreja e do Estado com base em critérios jurídicos, porquanto derivam de fontes diversas, contam com instituições diferentes e os fins que perseguem são, às vezes, contrapostos. Sob o influxo dessas ideias, configuram-se com maior nitidez a distinção e a autonomia entre o ordenamento estatal e o canônico, em lugar da híbrida justaposição e confusão até aquele momento verificada. O jurista deve argumentar a partir do direito vigente, bem entendido que a norma estatal não esgota a realidade jurídica – seria novo monismo, de corte estadista, – porque também os ordenamentos confessionais – o direito canônico em particular – encontram-se dotados de juridicidade.

No contexto em que nos situamos, resulta obrigatória a referência a Francesco Scaduto (1858-1942), *construtor* do direito eclesiástico italiano (De Luca). Trata-se do autor da conhecida *Prolusión panormitana*, lida aos 21 de novembro de 1884 na Universidade de Palermo, onde era titular da cátedra de direito canônico, sobre "Il concetto moderno del diritto ecclesiastico", que passa a ser marco do desenvolvimento da ciência eclesiástica. Como cabe deduzir do próprio título da obra, sua intenção era renovar o direito eclesiástico, no sentido de prestar maior atenção às fontes estatais sobre a matéria religiosa, por considera-las de mais interesse e encontrar-se seu estudo pouco desenvolvido. Na obra de Scaduto, enfatiza-se o propósito indubitável de *contenção* do que se consideram os excessos dos canonistas pontifícios e uma postura favorável à superioridade do direito do Estado, mas não nega a juridicidade do direito da Igreja, nem declara a inutilidade do estudo das fontes canônicas. Ao contrário, Scaduto é jurista rigoroso, de ampla formação histórica e bom conhecedor dos ordenamentos europeus, que adverte sobre a importância do direito canônico, incluindo para o exercício da profissão em certas matérias. Seu enfoque original se refere à distinção entre o velho direito confessional e a nova ciência do direito eclesiástico, que se ocupa da disciplina civil da matéria religiosa assim como do grau de recepção no Estado das instituições canônicas. Propõe o estudo das fontes de ambos ordenamentos, se bem que outorga prioridade ao direito do Estado, não somente no sentido de que mereça maior atenção, em virtude do abandono em que anteriormente se achava, mas também pela superioridade hierárquica que lhe corresponde: o valor jurídico do direito da Igreja dependeria de seu reconhecimento pela normativa estatal (Ibán).

O novo enfoque do direito eclesiástico propiciado por Scaduto foi objeto de aceitação geral na seara italiana, se bem que não impediu que durante largo tempo subsistisse certa concepção monista – como se reflete nos manuais e tratados da época – sob denominada *acepção ampla* do direito eclesiástico, com objetivos eminentemente didáticos.

Em qualquer caso, com o impulso do autor panormitano, o direito eclesiástico se incorporou à *ciência jurídica*, afirmando, com rotundidade, sua presença no âmbito do direito vigente de caráter estatal. O intento subsequente de reafirmar o verdadeiro caráter jurídico do direito eclesiástico e sua autonomia científica propiciou a aceitação incondicional da metodologia positivista, conforme o desgraçado axioma: *ser jurista é ser positivista*, utilizando-se a acertada expressão cunhada por Hervada, em crítica aguda da referida abordagem (Hervada 161).

4) Versões interordenamentais do direito eclesiástico

Precisamente no marco dos primeiros movimentos alternativos ao positivismo, surgidos na Europa durante as décadas iniciais do século XX, aparecem elementos que contribuem para com a depuração técnica do conceito de direito eclesiástico e esclarecem seu relacionamento com o direito canônico. Refiro-me, em particular, às contribuições da teoria ordenamental de Santi Romano (1875-1947). Como se sabe, esse autor negava que o direito pudesse reduzir-se a uma ordem estritamente normativa e que as raízes do sistema jurídico se localizavam somente na vontade do Estado. A técnica jurídica tem propiciado, indubitavelmente, o avanço da ciência do direito e a consolidação do Estado, contudo, a mencionada técnica jurídica não é autossuficiente: uma coisa é a lei; outra, a realidade jurídica. A visão normativista do direito tornaria inexplicáveis numerosos fenômenos jurídicos comumente admitidos como – apenas para citar alguns – a inaplicação pacífica de determinadas leis, a minoração do rigor de algumas normas em atenção às circunstâncias ou a suplência de jurisdição quando se põe em jogo o interesse da comunidade. É preciso emanar as normas na perspectiva da totalidade do ordenamento, para levar a cabo a tarefa de aplicação, interpretação e integração das leis. O direito não é somente norma e, menos ainda, norma estatal. Há normatividade imanente à natureza das instituições. Romano chamou a atenção acerca da tendência dos grupos sociais a constituírem-se com independência jurídica, sem que tais grupos se possam reduzir ao Estado. A tese da pluralidade dos ordenamentos define o direito como organização social e reconhece um ordenamento em toda sociedade organizada ou em toda instituição. Romano analisou as relações entre o ordenamento estatal e outros ordenamentos, como o ordenamento internacional, o ordenamento dos Estados integrados em uma federação, ou, ainda, o ordenamento eclesiástico.

É evidente que a doutrina ordenamental se adapta bem à problemática que aborda o direito eclesiástico e o liame dele com os vários direitos confessionais. Romano contribuiu em precisar a concepção dualista, ou melhor, pluralista, do direito eclesiástico. Não é possível reduzir à unidade dois ordenamentos jurídicos que derivam de fontes diversas, contam com instituições diferentes e têm fins, às vezes, contrapostos. Todavia, o direito eclesiástico acolhe as normas plenamente jurídicas do direito da Igreja, que fruem de eficácia no âmbito do ordenamento estatal. O direito eclesiástico constitui-se mediante todo o direito vigorante – isto é, *aplicável*, *eficaz* – no ordenamento do Estado em matéria eclesiástica.

Malgrado os avanços doutrinais, é claro que – como em tantas ocasiões se frisou – as circunstâncias da Itália da época favoreceram o desenvolvimento dessa versão *interordenamental* do direito eclesiástico. Na vertente legislativa, por uma parte, os Tratados de Latrão (1929) e as normas relativas aos cultos católicos (1930) aportaram considerável massa normativa necessitada de análise e interpretação. No aspecto político, por seu turno, o fascismo impediu a evolução de uma orientação do direito eclesiástico forjada com fundamento na liberdade religiosa, inspirada na obra de Francesco Ruffini. O resultado foi que o direito eclesiástico se transformou, na prática, à versão do direito concordatário, elaborado com notável perfeição técnica e dentro dos esquemas do positivismo dominante. A visão do direito eclesiástico como sistema cerrado e dotado de plenitude contribuía a concebê-lo como *ius singulare*, justificando a especialidade da disciplina.

5) O direito eclesiástico, a liberdade religiosa e a liberdade de consciência

Na segunda metade do século XX, produziu-se verdadeira transformação do ordenamento mundial, não apenas no plano político, mas também no social e cultural. A guerra contra o totalitarismo, com efeito, contribuiu para pôr em crise princípios básicos da cultura da época. Entre eles, sem dúvida, o positivismo jurídico – esplendoroso no período entre-guerras, – que concebia o direito com produto somente da vontade, estabelecia identificação plena entre legitimidade e legalidade e professava puros formalismo e procedimentalismo jurídicos, com total independência dos conteúdos materiais das normas, por enfatizar algumas de suas notas características.

O pós-positivismo subsequente, se se permite a expressão, ancorou o ordenamento em determinados conteúdos materiais, evitando desvios totalitários. Nas novas constituições europeias encontram guarida, de maneira mais ou menos explícita, uma série de valores encarnados nos direitos fundamentais e, no final, em respeito à dignidade da pessoa, entronizada no centro do ordenamento (Zagrebelsky). Com tais pressupostos, não é estranho que o direito eclesiástico recuperasse a ideia de liberdade religiosa, até o ponto de chegar a constituir-se como objeto praticamente exclusivo de uma ciência eclesiasticista concebida como *legislatio libertatis*.

A perspectiva do direito eclesiástico como setor do ordenamento jurídico a serviço da liberdade resultou hegemônica na Itália entre o fim dos anos 60 e começo dos anos 80 do século passado, período em que se observa considerável dinamismo na ciência eclesiasticista. É, também, a etapa da efetiva *constitucionalização* do direito eclesiástico, através da jurisprudência da *Corte Constitucional*, que atuou mediante uma série de sentenças históricas, albergando definitivamente a normativa anterior sobre matéria religiosa aos princípios da *charta magna*. O enfoque do direito eclesiástico como *legislativo libertatis* supõe interpretação muito ampla da liberdade religiosa e consideração prioritária dos aspectos individuais do fenômeno religioso, em detrimento das manifestações institucionais, que tendem a se manter na penumbra.

Esse primeiro impulso expansivo da liberdade religiosa individual, sem embargo, viu-se superado imensamente por nova tese, que concebia o direito eclesiástico como *o direito da liberdade de consciência ou*, para utilizar os próprios termos cunhados pelos seus criadores, *o direito à formação crítica da própria consciência*. A doutrina, eminentemente italiana, surge no marco da crítica marxista ao Estado liberal e ao modelo de relações que esse Estado estabelecia com a religião, considerada como fenômeno privado e entregue, de fato, ao monopólio da Igreja católica. Estes autores reivindicam o ateísmo militante em nome da liberdade religiosa. Religião e ateísmo seriam os polos naturais necessários de uma escolha em matéria religiosa, na qual o ateísmo não poderia ser concebido como mera negação da verdade religiosa, mas como alternativa existencial, donde se originam uma moral e uma inteira concepção de vida. A abordagem responde à ideia marxista do *ateísmo positivo*, que reclama do ordenamento igualdade de tratamento com a religião, se esta existe. Não seria suficiente que o Estado protegesse a liberdade religiosa dos crentes e não crentes. Deveria haver as condições de fato para que os ateus gozassem não só da liberdade religiosa, mas desfrutassem de igualdade jurídica com os crentes, tornando possível o pleno desenvolvimento do ateísmo. A posição ativa do Estado em ordem à consecução dessa nova esfera de liberdade justificaria a intervenção dos poderes públicos sobre todos os aspectos da realidade social que possam, direta ou indiretamente, influir sobre a concepção ideológica ou religiosa das pessoas, a fim de neutralizá-la, eliminando qualquer gênero de reminiscência religiosa. O direito eclesiástico passaria, assim, a ocupar-se de um grande número de matérias, como o ensino, a informação, os meios de comunicação, a publicidade, o direito de família e todas as questões suscetíveis de levantar algum tipo de controvérsia no âmbito das convicções.

Uma abordagem desse gênero é dificilmente compatível com o pluralismo, que torna inviável a posição dos poderes públicos dirigidos exclusivamente à garantia da descrença. O direito eclesiástico como *direito à formação crítica da própria consciência* teve êxito muito limitado no mundo acadêmico e influência nula no contexto social e na política legislativa. O fenômeno que se produziu na Itália nos meados dos anos 80 foi, mais propriamente, o retorno a abordagens interordenamentais, em virtude da celebração da nova Concordata com a Igreja católica e dos Acordos com as confissões acatólicas, que deu origem ao que é geralmente conhecido como a *stagione delle intese*. Não era o regresso a concepção *concordatária* do direito eclesiástico, mas o reflexo do tratamento do fenômeno religioso mais sensível às especificidades das confissões e à negociação bilateral com os poderes públicos.

6) Novas tendências do direito eclesiástico

A criatividade do direito eclesiástico italiano encontrou território de expansão na Espanha democrática, que recebeu como novidade a ciência eclesiasticista no trânsito dos anos 70 ao 80 do século passado, no apogeu, portanto, da tese da *legislatio libertatis*. As circunstâncias sociais e jurídicas do país fizeram, nada obstante, com que não se deixasse de cultivar a perspectiva interordenamental, que resultava obrigatória como corolário da elaboração dos novos textos concordatários, em primeiro lugar, e dos Acordos com as confissões minoritárias, mais tarde.

O lento desenvolvimento que o direito eclesiástico conheceu na Itália contrasta com a evolução acelerada que sofreu na Espanha – devido, seguramente, a maior tradição e à natureza jurídica da disciplina – , resultando em terreno fértil para as *novas tendências*. Dessa maneira, por exemplo, a contemplação do direito eclesiástico como o direito da liberdade de consciência – que remonta às doutrinas de inspiração marxista mencionadas anteriormente – encontrou na Espanha notável difusão. Cuida-se de concepção fortemente ideologizada e de orientação marcadamente contrária a tudo que se pode considerar como *os interesses da Igreja católica*. A temática desse amplíssimo direito de liberdade de consciência não encontra fronteiras claramente definidas. Tributário dessas abordagens, o direito eclesiástico perderia a autonomia como especialização jurídica – segundo meu parecer – e desapareceria do panorama acadêmico-universitário.

Outra pujante orientação do direito eclesiástico espanhol advoga, mesmo assim, a ampliação do objeto da disciplina até o âmbito das convicções não religiosas, se bem que de maneira matizada e buscando fundamento nos parâmetros do direito internacional. Essa corrente faz eco do fenômeno da secularização e consequente perda de identidade da religião, que se diluiria no emaranhado de crenças ou convicções pessoais. Paradigmático dessa abordagem é a interpretação realizada pelo Comitê de Direitos Humanos das Nações Unidas do artigo 18 do Pacto Internacional de Direitos Civis e Políticos, segundo a qual, "o direito à liberdade de pensamento, de consciência e de religião (...) abarca a liberdade de pensamento sobre todas as questões, as convicções pessoais e o compromisso com a religião ou as crenças, já se manifestem a título individual, já em comunidade com outras pessoas (...)". O artigo 18 protege as crenças teístas, não teístas e ateias, assim como o direito a não professar nenhuma religião ou crença. Os termos "crenças" e "religião" devem ser entendidos em sentido amplo.

A abordagem do direito eclesiástico, a que ora me refiro, faz das convicções o verdadeiro eixo ou fator comum daquilo que, nos textos internacionais e na jurisprudência dos tribunais, pretende-se tutelar em relação à *interioridade da pessoa*. A religião, mencionada tradicionalmente junto com o pensamento e a consciência nos textos legais sobre direitos humanos, já não resultaria identificável, em virtude de haver sofrido processo de subjetivação radical. Não existiria concepção aceitável – *global*

– de religião, não reduzível a tradições particulares. A religião não seria realidade comunicável e se converteria, juridicamente falando, em conceito inútil, à vista dos novos problemas postos em relação com as convicções.

O seguinte passo consiste em identificar os perfis dessas *convicções* chamadas a alcançar relevância jurídica e comprovar se se encontram em condições de desempenhar o papel que se lhes atribui. As convicções, diz-se, agora se estendem também ao não religioso e, por conseguinte, todos ganhamos. Na realidade, o fenômeno que se produz é de mutação, subsunção e ocultamento do religioso na seara jurídica, vez que a única relevância nessa esfera corresponderia às *convicções*. Se me é permitido uma observação, não se trata de mera ampliação do objeto da tutela do direito até o patamar do não religioso – coisa que, por outra parte, resultava pacífica com base nos textos jurídicos a que nos referimos – mas da colonização por parte do não religioso do território da religião. A realidade é que tudo passa agora a ser considerado *não religioso*.

A condição para que as convicções obtenham a proteção do direito é que desempenhem função equiparável às crenças religiosas. Vale dizer, que se manifestem com *semelhante intensidade axiológica*. Surge a dúvida acerca da operatividade do novo critério valorativo. Anteriormente, punha-se a dificuldade de distinguir entre o religioso e o não religioso. Não parece empresa menos ambiciosa julgar agora se religião e crenças cumprem a *mesma função*. Sugere-se a substituição de um critério de avaliação qualitativo por outro quantitativo – que mede a intensidade – mas de caráter estritamente subjetivo, o que supõe dificuldade severa para o adequado tratamento jurídico.

O novo critério de medição da relevância jurídica das convicções sugere interpretação questionável da liberdade religiosa e da concepção mesma do direito por parte dos autores que sustentam tal interpretação. A liberdade de religião não encontra reconhecimento porque gera condutas de *extrema intensidade axiológica*. O direito não nasce nem resulta operativo somente em situações de aguda conflitividade moral. Há manifestações do direito de liberdade religiosa que não reclamam do sujeito o máximo compromisso axiológico. Existem os crentes medíocres, não comprometidos vitalmente com sua religião que, apesar disso, não deixam de ser titulares da liberdade religiosa, nem de exercê-la e mesmo, muita vez, reclamá-la, com motivações diversas, que nem sempre comportam profunda comoção existencial.

É significativo, contudo, que na abordagem do direito eclesiástico a que me refiro, a religião se mantenha como paradigma referencial das crenças. Quiçá seja a confirmação de que a religião se configura como a primeira das liberdades, não somente em termos cronológicos, mas também conceptuais. A partir dela, de algum modo, compreendem-se as demais manifestações da interioridade ou da racionalidade da pessoa.

Parece-me que a benemérita intenção de garantir a igualdade de proteção entre as crenças religiosas e não religiosas não justifica a circunscrição da religião ao âmbito das convicções individuais, com o consequente ocultamento social do religioso. Ninguém questiona a igualdade de proteção jurídica que merecem ambas realidades, mas esse objetivo não tem por que ser logrado mediante a drástica medida da unificação do regime jurídico.

A visão do direito eclesiástico a que me refiro padece, ademais, de enfoque excessivamente individualista do fenômeno religioso. A liberdade de crer interessa ao direito à media que alcança relevância social, a qual se produz, sobretudo, por via das manifestações coletivas da religião, juridicamente articuladas, até a se constituir especialidade jurídica. O direito eclesiástico, como disciplina de direito positivo, se constitui originalmente em torno das igrejas e dos problemas gerados por suas atividades na vida social, não a partir da religião genericamente considerada. A vertente individual do fenômeno religioso se esgota, normalmente, na ação singular do próprio indivíduo, com a aceitação ou rechaço da fé e, conforme o caso, na atuação de acordo com a posição assumida. O conflito moral com as normas do Estado pode gerar, da sua parte, o fenômeno da objeção de consciência, que não passa de uma conduta passiva, de resistência, da qual não há nenhuma consequência no plano operativo.

Nesta concepção *global* do direito eclesiástico – se se permite o emprego deste termo –, concebida em torno da noção de convicções e fundada sobre os textos jurídicos referentes aos direitos humanos, a atividade das organizações internacionais e as resoluções dos órgãos correspondentes, jurisdicionais ou quase jurisdicionais, dificilmente se enquadrariam em uma disciplina ou especialização jurídica autônoma. Seria mais adequadamente um ramo do direito internacional e, ainda mais concretamente, dos direitos humanos. Não há elementos que permitam delimitar sua autonomia nem razão que justifique um tratamento exclusivo por parte de um conjunto de investigadores. Seria, como disse, uma parcela do direito internacional público. A denominação direito eclesiástico, desde logo, não teria nenhuma razão de ser. Parece-me que esta orientação conduziria, cedo ou tarde, à dissolução do direito eclesiástico.

A tendência majoritária entre os estudiosos do direito eclesiástico, sem embargo, inclina-se pela configuração dessa disciplina à luz do conceito de religião e, em particular, ao lume da atividade institucional das confissões. O direito institucional relativo ao fator religioso é relevante nessa matéria, porque suas normas formam parte do ordenamento interno. Hervada apresentou contribuições valiosas na linha de reforçar esta concepção do direito eclesiástico e na defesa de sua juridicidade. Este autor reivindica a positividade do direito eclesiástico, não fundada nos estreitos limites do positivismo estadista, mas aberta ao direito natural, que não é ordem moral ou direito meta-histórico, mas direito vigente na história e fundido no único sistema jurídico em que se constitui o direito do Estado. A tarefa fundamental do eclesiasticista (especialista em direito eclesiástico) consiste, então, na identificação das bases do direito natural que se contêm nas noções e instituições do direito eclesiástico: "a natureza do Estado e sua soberania, a relação do fenômeno religioso com a comunidade política, o núcleo fundamental da liberdade religiosa, são temas que fincam raiz no direito natural e seu correto conhecimento e interpretação requerem uma ciência eclesiástica que saiba unir e combinar o justo natural com o justo positivo" (Hervada 163).

Jorge Otaduy
Professor da Faculdade de Direito Canônico
da Universidade de Navarra, Espanha.
Diretor do Instituto Martin de Azpilcueta.

I
PREÂMBULO DA CONSTITUIÇÃO FEDERAL

1) Etimologia do vocábulo *preâmbulo*

Essa palavra, como tantas outras da língua portuguesa (a última flor do Lácio), deriva do latim e quer dizer, rigorosamente, *o que caminha antes* (*ambulo, ambulare*: caminhar; ex.: vendedor *ambulante*). Nessa acepção linguística, o preâmbulo está a introduzir algo importante; é o exórdio, prefácio, prefação ou antelóquio da constituição federal. Conforme escreve Cretella Júnior, "o preâmbulo antecede ou precede o texto constitucional" e, continua o jurista, "auxilia o intérprete a compreender melhor o pensamento do constituinte, a 'mens legislatoris'".[1]

2) Valor jurídico do preâmbulo

O preâmbulo da constituição não é simples atavio ou item tradicional. Ele tem eficácia jurídica, malgrado certa escola hermenêutica forceje por minimizar a relevância do preâmbulo. A esse respeito, demos a palavra a José Cretella Júnior:

---

[1] Cretella Júnior, José. *Comentários à Constituição de 1988* (Vol. I). Editora Forense Universitária, São Paulo, 1992, p. 75.

"Como o *Preâmbulo* é elemento integrante da Constituição, assim que promulgada, não há a menor dúvida de que a ele se deve recorrer, quando surgem problemas de hermenêutica, desde que, nessa peça vestibular ou introdutória, haja princípios que se relacionem de modo direto ou indireto com os dispositivos constitucionais questionados".[2]

O preâmbulo da constituição se encontra vazado nos seguintes termos:

"Nós, representantes do povo brasileiro, reunidos em Assembleia Nacional Constituinte para instituir um Estado democrático, destinado a assegurar o exercício dos direitos sociais e individuais, a liberdade, a segurança, o bem-estar, o desenvolvimento, a igualdade e a justiça como valores supremos de uma sociedade fraterna, pluralista e sem preconceitos, fundada na harmonia social e comprometida, na ordem interna e internacional, com a solução pacífica das controvérsias, promulgamos, sob a proteção de Deus, a seguinte Constituição da República Federativa do Brasil" (grifos nossos).

Na constituição ab-rogada de 1967/69, os constituintes, mais tímidos, restringiram-se a pleitear o ajutório divino, escrevendo no preâmbulo a seguinte locução deprecatória: "invocando a proteção de Deus". De outra banda, os constituintes da carta vigente deram por certa a intervenção e a salvaguarda divinas a permear os trabalhos, já que promulgaram a constituição sob a "proteção" de Deus, isto é, admitiram que Deus realmente protegeu o trabalho de confecção da nova carta política.

[2] Cretella Júnior, José. *Comentários à Constituição de 1988* (Vol. I) Editora Forense Universitária, São Paulo, 1992, p. 76 e 77.

3) Os preâmbulos das constituições federais brasileiras

Vejamos o teor dos preâmbulos das constituições passadas. Nosso país já teve cinco constituições, além da atual, promulgadas nos seguintes anos: 1824, 1891, 1934, 1937, 1946 e 1967.

Constituição de 1824:

> "DOM PEDRO PRIMEIRO, POR GRAÇA DE DEUS, e Unânime Aclamação dos Povos, Imperador Constitucional, e Defensor Perpétuo do Brasil: Fazemos saber a todos os Nossos Súditos, que tendo-Nos requerido os Povos deste Império, juntos em Câmaras, que Nós quanto antes jurássemos e fizéssemos jurar o Projeto de Constituição, que havíamos oferecido às suas observações para serem depois presentes à nova Assembleia Constituinte; mostrando o grande desejo, que tinham, de que ele se observasse já como Constituição do Império, por lhes merecer a mais plena aprovação, e dele esperarem a sua individual, e geral e felicidade Política: Nós Juramos o sobredito Projeto para o observarmos e fazermos observar, como Constituição, que d'ora em diante fica sendo deste Império; a qual é do teor seguinte: (...)".

Constituição de 1891:

> "Nós, os Representantes do Povo Brasileiro, reunidos em Congresso Constituinte, para organizar um regime livre e democrático, estabelecemos, decretamos e promulgamos a seguinte CONSTITUIÇÃO DA REPÚBLICA DOS ESTADOS UNIDOS DO BRASIL".

Constituição de 1934:

"Nós, os representantes do Povo Brasileiro, **pondo a nossa confiança em Deus**, reunidos em Assembleia Nacional Constituinte para organizar um regime democrático, que assegure à Nação a unidade, a liberdade, a justiça e o bem estar social e econômico, decretamos e promulgamos a seguinte CONSTITUIÇÃO DA REPÚBLICA DOS ESTADOS UNIDOS DO BRASIL".

Constituição de 1937:

"O Presidente da República dos Estados Unidos do Brasil:
Atendendo às legítimas aspirações do povo brasileiro à paz política e social, profundamente perturbada por conhecidos fatores de desordem, resultantes da crescente agravação dos dissídios partidários, que uma notória propaganda demagógica procura desnaturar em lutas de classes, e da extremação de conflitos ideológicos; tendentes, pelo seu desenvolvimento natural, a resolver-se em termos de violência, colocando a Nação sob a funesta iminência da guerra civil;
Atendendo ao estado de apreensão criado no país pela infiltração comunista, que se torna dia a dia mais extensa e mais profunda, exigindo remédios de caráter radical e permanente;
Atendendo a que, sob as instituições anteriores, não dispunha o Estado de meios normais de preservação e de defesa da paz, da segurança e do bem-estar do povo;
Com o apoio das forças armadas e cedendo às inspirações da opinião nacional, umas e outras justificadamente apreensivas diante dos perigos que ameaçam a nossa unidade e da rapidez com que se vem processando a

decomposição das nossas instituições civis e políticas;
Resolve assegurar à Nação a sua unidade, o respeito à sua honra e à sua independência, e ao povo brasileiro, sob um regime de paz política e social, as condições necessárias à sua segurança, ao seu bem-estar e à sua prosperidade;
Decretando a seguinte Constituição, que se cumprirá desde hoje em todo o país: CONSTITUIÇÃO DOS ESTADOS UNIDOS DO BRASIL".

Constituição de 1946:

"Nós, os representantes do povo brasileiro, reunidos, **sob a proteção de Deus**, em Assembleia Constituinte para organizar um regime democrático, decretamos e promulgamos a seguinte CONSTITUIÇÃO DOS ESTADOS UNIDOS DO BRASIL".

Constituição de 1967:

"O Congresso Nacional, **invocando a proteção de Deus**, decreta e promulga a seguinte CONSTITUIÇÃO DO BRASIL".

Constituição de 1967 – Emenda Constitucional n. 1, de 1969:

"Os Ministros da Marinha de Guerra, do Exército e da Aeronáutica Militar, usando das atribuições que lhes confere o artigo 3º do Ato Institucional n. 16, de 14.10.1969, combinado com o § 1º do artigo 2º do Ato Institucional n. 5, de 13.12.1968, e,
Considerando que, nos termos do Ato Complementar n. 38, de 13.12.1968, foi decretado, a partir dessa data, o recesso do Congresso Nacional;

Considerando que, decretado o recesso parlamentar, o Poder Executivo Federal fica autorizado a legislar sobre todas as matérias, conforme o disposto no § 1º do artigo 2º do Ato Institucional n. 5, de 13.12.1968;
Considerando que a elaboração de emendas à Constituição, compreendida no processo legislativo, está na atribuição do Poder Executivo Federal;
Considerando que a Constituição de 24.01.1967, na sua maior parte, deve ser mantida, pelo que, salvo emendas de redação, continuam inalterados os seguintes dispositivos: (...);
Considerando as emendas modificativas e supressivas que, por esta forma, são ora adotadas quanto aos demais dispositivos da Constituição, bem como as emendas aditivas que nela são introduzidas;
Considerando que, feitas as modificações mencionadas, todas em caráter de Emenda, a Constituição poderá ser editada de acordo com o texto que adiante se publica;
Promulgam a seguinte Emenda à Constituição de 24.01.1967".

A constituição atual, promulgada em 1988, retomou a frase, autêntica jaculatória espiritual, inscrita na constituição de 1947: "sob a proteção de Deus"! Abramos um parêntese para comentar que quiçá calhasse melhor escrever "sob a proteção da Santíssima Trindade", pois os que compuseram a carta política embasaram-se na teologia cristã, a qual concebe Deus uno e trino, ou seja, um só Deus (monoteísmo), em três Pessoas: o Pai, o Filho (Jesus Cristo) e o Espírito Santo. Quando os constituintes promulgaram a carta magna de 1934, puseram, simplesmente, a confiança em Deus: "pondo nossa confiança em Deus". Observe-se a densidade semântico-religiosa da expressão "sob a proteção de Deus", pois, conforme escrevemos acima, supera-se a mera expectativa da interferência sobrenatural ou a formalidade protocolar, ou mesmo certa tradição de colocar o nome de Deus na principal lei do Estado. Parece que estamos em face de atitude bastante consciente e performática dos constituintes, ou seja, de lídimo projeto de vida para a nação.

Não abonamos a exegese de Celso Bastos e Ives Gandra, quando estes jurisperitos, na trilha de Manoel Gonçalves Ferreira Filho, tacham de "soberba" a fórmula do preâmbulo da constituição de 1988, "(...) uma vez que não se sabe a partir de que indícios os constituintes se consideraram certos de estarem sob a proteção de Deus".[3] Ora, à luz da religião cristã, conhecemos a perícope bíblica na qual Jesus mesmo disse que quando dois ou três estiverem reunidos em seu nome, ele estará presente.[4] É óbvio ululante que a assembleia constituinte não se confunde com a "assembleia de Deus", nada obstante, não se deslembrará do fato de que os deputados constituintes invocaram o criador do universo. Demais, entre os fazedores da constituição, a maioria esmagadora compunha-se de cristãos, vale dizer, de gente que, de uma forma ou de outra, professa a fé em Jesus Cristo. Tudo leva a crer que os constituintes, de boa mente, contaram com o auxílio de Deus, para que conseguissem levar a termo o labor tão relevante que desempenhavam em prol do povo brasileiro.

A constituição de 1824, promulgada em pleno império, também não se refere a Deus no preâmbulo, no entanto, contém fórmula, escrita antes do título primeiro, que atesta donde

---

[3] Bastos, Celso; Martins, Ives Gandra. *Comentários à Constituição do Brasil*, 1º volume, Saraiva, São Paulo, 1988, p. 410.
[4] Cf. Mt 18,20.

procede o poder dos constituintes: "Em nome da Santíssima Trindade". O catolicismo é a religião oficial do Estado. Eis o disposto no artigo 5º:

> "Art. 5º A Religião Católica Apostólica Romana continuará a ser a Religião do Império. Todas as outras Religiões serão permitidas com seu culto doméstico, ou particular em casas para isso destinadas, sem forma alguma exterior do Templo".

O preâmbulo da constituição de 1891 não menciona Deus, é dizer, os constituintes da aurora do século XIX e limiar do século XX, sob o influxo do ideário republicano, deliberaram, pelo menos oficialmente, não "misturar" religião com política ou direito. Produz-se, desse modo, a dicotomia entre fé e vida na nação brasileira. Assim, não nos parece correta a avaliação de Celso Bastos e Ives Gandra, ao asserirem que esse seria o "melhor exemplo de preâmbulo".[5] Na verdade, quando se opta por esse jaez de procedimento positivista, cessa-se de inculcar no povo brasileiro o surto de amor a Deus e ao próximo, amores, diga-se de passagem, assaz correlatos e, de certo modo, propugnados no preâmbulo da constituição hodierna, com o emprego do epíteto "sociedade fraterna", assunto sobre o qual dissertaremos mais adiante.

Os constituintes de 1891 nem poderiam agir de forma diferente, porque um ano antes, com a proclamação da república, realizou-se a "tão almejada" separação entre a Igreja e o Estado. O Decreto 119-A, de 7 de janeiro de 1890, trata desse assunto:

---

[5] Bastos, Celso; Martins, Ives Gandra. *Comentários à Constituição do Brasil*, 1º volume, Saraiva, São Paulo, 1988, p. 407.

"O marechal Manoel Deodoro da Fonseca, chefe do Governo Provisório da República dos Estados Unidos do Brasil, constituído pelo exército e armada, em nome da nação,
decreta:
Art. 1º É proibido à autoridade federal, assim como à dos Estados federados, expedir leis, regulamentos, ou atos administrativos, estabelecendo alguma religião, ou vedando-a, e criar diferenças entre os habitantes do país, ou nos serviços sustentados à custa do orçamento, por motivo de crenças, ou opiniões filosóficas ou religiosas.

Art. 2º A todas as confissões religiosas pertence por igual a faculdade de exercerem o seu culto, regerem-se segundo a sua fé e não serem contrariadas nos atos particulares ou públicos, que interessem o exercício deste decreto.
 Art. 3º A liberdade aqui instituída abrange não só os indivíduos nos atos individuais, senão também as igrejas, associações e institutos em que se acharem agremiados; cabendo a todos o pleno direito de se constituírem e viverem coletivamente, segundo o seu credo e a sua disciplina, sem intervenção do poder público.
 Art. 4º Fica extinto o padroado com todas as suas instituições, recursos e prerrogativas.
Art. 5º A todas as igrejas e confissões religiosas se reconhece a personalidade jurídica, para adquirirem bens e os administrarem, sob os limites postos pelas leis concernentes à propriedade de mão-morta, mantendo-se a cada uma o domínio de seus haveres atuais, bem como dos seus edifícios de culto.
Art. 6º O Governo Federal continua a prover à côngrua, sustentação dos atuais serventuários do culto católico e subvencionará por ano as cadeiras dos semi-

nários; ficando livre a cada Estado o arbítrio de manter os futuros ministros desse ou de outro culto, sem contravenção do disposto nos artigos antecedentes.

Art. 7º Revogam-se as disposições em contrário.

Sala das sessões do Governo Provisório, 7 de janeiro de 1890, 2º da Republica.

Manoel Deodoro da Fonseca.
Aristides da Silveira Lobo.
Ruy Barbosa.
Benjamin Constant Botelho de Magalhães.
Eduardo Wandenkolk. - M. Ferraz de Campos Salles.
Demetrio Nunes Ribeiro.
Q. Bocayuva".

4) O poder constituinte derivado sob a proteção de Deus

Se, em momento pretérito, exerceu-se o poder constituinte originário sob a proteção de Deus,[6] por consequência, o poder constituinte derivado, tripartido em legislativo, executivo e judiciário, igualmente há de ser exercido sob a proteção de Deus? Difícil responder a essa pergunta. Como vimos anteriormente, para Cretella, não paira dúvida relativamente à luz que o preâmbulo espargirá em certas questões interpretativas, desde que haja relação de princípios, é dizer, liame entre o ponto constitucional controverso e algum princípio sacado do preâmbulo.

Importante adminículo nos outorga Temístocles Bandão Cavalcanti:

---

[6] A locução adverbial "sob a proteção de Deus" se localiza no fim do texto do preâmbulo. Gostaríamos, com Cretella, de aceitar a análise sintática que homologa a ideia de que a reunião (assembleia) transcorreu sob a proteção de Deus. Contudo, no sentido denotativo, tudo indica que especificamente a promulgação da carta magna se realizou sob a proteção de Deus. Gramaticalmente falando, seria mais castigado pôr a mencionada locução adverbial logo no início do texto: "Nós, representantes do povo brasileiro, 'sob a proteção de Deus' reunidos em Assembleia Nacional Constituinte..."

"A fé em Deus e no regime democrático são, no preâmbulo, os esteios morais e ideológicos do sistema constitucional. A invocação ao nome de Deus vem da constituição de 1934. É uma sadia inspiração que reflete o pensamento da grande maioria do povo brasileiro e da humanidade sofredora, voltada sempre para quem deve ser o Supremo inspirador das grandes obras do homem. A invocação é combatida por alguns, mas não há como negar-se a legitimidade de sua inclusão no preâmbulo da constituição de um povo cristão, que vive permanentemente sob a inspiração de preceitos divinos. A invocação do nome de Deus, e da origem popular dos poderes, impõe obrigações e deveres inseparáveis do próprio exercício do mandato popular. Somente encarado sob esse prisma pode ser considerado legítimo o exercício do poder".[7]

Nota-se entre os compatriotas profunda religiosidade cristã. Assiste, pois, razão ao professor Cavalcanti. A frequência semanal aos cultos mostra-se diminuta. No entanto, por exemplo, locais como o Santuário Nacional de Aparecida, no estado de São Paulo, vivem abarrotados de romeiros (religiosidade popular). Os "preceitos divinos" aos quais alude Cavalcanti devem ser traduzidos por "valores cristãos". Neste diapasão, cumpre aos governantes o ofício de implementar esses mesmos valores, construindo uma sociedade de perfil eminentemente cristão.

Entre alguns corolários do exercício do poder constituinte derivado na perspectiva dos valores cristãos, sobreleva a legitimidade da afixação de crucifixos nas sedes dos fóruns e tribunais, bem como em outros órgãos públicos, e o consequente abuso de autoridade na ablação desse símbolo eminente do cristianismo.

---

[7] Cavalcanti, Temístocles Brandão. *A Constituição Federal Comentada*, vol. I, Editora Konfino, Rio de Janeiro, 1956, p. 15.

Não vivemos em Estado teocrático, todavia, o crucifixo na parede do local de trabalho traz constantemente à memória algo essencial ao ser humano, qual seja, a necessidade de se fazer tudo para maior glória de Deus. Com efeito, assim predicava são Paulo, o apóstolo dos gentios: "(...) quer comais, quer façais qualquer outra coisa, fazei tudo para a glória de Deus".[8] É questão de ordem prática, porque os que acreditam em Deus costumam ao menos aceitar este postulado e, em que pese ao caos da corrupção em órgãos públicos (pecado e crime), laborar nesta perspectiva teologal ainda é projeto bem ao gosto do povo brasileiro, tão profundamente religioso, malgrado a maioria não compareça aos cultos.

O Estado é verdadeiramente laico, porém, é-o outrossim teísta, isto é, juridicamente, o Estado "acredita" na existência de Deus, ou, dito em outras palavras, sufraga, referenda a existência de Deus. Por isso, o Estado custodia os valores religiosos do povo brasileiro. A referência à proteção de Deus no preâmbulo é prova inconteste desta asserção. A postura contrária à menção de Deus na carta política, pelo que se sabe, partia aguerridamente da minoria de parlamentares, talvez os integrantes de partidos de matizes comunistas ou socialistas, os quais, por coerência, se opõem tenazmente a qualquer nuança religiosa.

A) O poder conferido por Deus aos governantes

Para o Estado, é correto dizer que todo poder emana do povo. De fato, a constituição federal no-lo robora através do artigo 1º, parágrafo único. No que concerne às sociedades

---
[8] 1Cor 10,31.

eclesiais, particularmente à Igreja católica, escorreita se afigura a asserção de que todo poder emana de Deus. Entretanto, a questão básica não é esta. Para os cristãos em geral, o poder civil ou estatal se estriba em certa concessão divina, ou, em outras palavras, goza de legitimidade conferida por Deus. Lembremo-nos da passagem evangélica na qual Jesus se encontra diante de Pôncio Pilatos, o governador romano. Eis o rápido diálogo que entabulam, a partir da pergunta de Pilatos:

> "Não me respondes? Não sabes que eu tenho poder para te libertar e poder para te crucificar? Respondeu-lhe Jesus: Não terias poder algum sobre mim, se não te houvesse sido dado do alto; por isso, quem a ti me entregou tem maior pecado".[9]

Ao lume do cristianismo, é defeso ao cidadão desobedecer a autoridade legitimamente constituída, pois esta representa Deus. É o que escreve São Paulo, o apóstolo dos gentios:

> "Todo homem se submeta às autoridades constituídas, pois não há autoridade que não venha de Deus, e as que existem foram estabelecidas por Deus".[10]

Quem conscientemente desrespeita a autoridade legítima perpetra pecado mortal, contrário ao quarto mandamento do decálogo: "Honrar pai e mãe". O Catecismo da Igreja Católica esclarece que "o quarto mandamento nos ordena que honremos todos aqueles que, para nosso bem, receberam de Deus, uma autoridade na sociedade".[11]

---
[9] Jo 19,10-11.
[10] Rm 13,1-2.
[11] Catecismo da Igreja Católica, editoras Vozes e Loyola, São Paulo, 1993, n. 2234.

O teísmo do Estado brasileiro queda-se outrossim clarividente na frase estampada no dinheiro de papel: "Deus seja louvado". Subsiste contraposição inextricável entre o deus dinheiro, Mamom, e Deus. De fato, nosso Senhor Jesus Cristo preceitua lapidarmente:

> "Ninguém pode servir a dois senhores; com efeito, ou odiará um e amará o outro, ou se apegará a um e desprezará o outro. Não podeis servir a Deus e ao dinheiro".[12]

A exclamação "Deus seja louvado", malgrado impressa na pecúnia sem o ponto de exclamação, soa como corolário explícito da referência à proteção divina insculpida no preâmbulo da carta política. Quiçá se deseje admoestar a população, máxime os avaros, que o dinheiro também se submete à lógica do "amor", vocábulo que integra o lema positivista "ordem e progresso", cosido no pavilhão nacional. Infelizmente, faltou o termo "amor" na bandeira ("amor, ordem e progresso"). Sabe-se que um senador de São Paulo tentou, debalde, pôr a palavra "amor" no lábaro brasileiro!

O bispo dom Francisco de Aquino Corrêa, imortal da Academia Brasileira de Letras, na década de 20, com costumeira facúndia, exortava os fiéis católicos, explicando que não há dicotomia entre patriotismo e amor a Deus:

> "Tal é o patriotismo cristão, que não separa o amor à pátria do amor a Deus, e cultivando embora a fraternidade universal, que nos leva a prezar todas as nações, ama com predileção aquela em que o Senhor nos fez nascer, e que tem direito ao tributo filial de nossa atividade; patriotismo, donde se origina o civismo, que nos torna cidadãos cônscios de nossos de-

---

[12] Lc 16,13.

veres para com o Estado; patriotismo, que faz com que cada cidadão se considere, como de fato é, uma parcela do patriotismo nacional, que cumpre valorizar física, intelectual e moralmente; patriotismo, que nos ensina a respeitar as autoridades do país como representantes que são de Deus e a observar suas leis como emanação da própria soberania divina; patriotismo, enfim, que nos obriga a trabalhar e orar pela pátria".[13]

Ao lume da religião, as autoridades, escreve dom Aquino, se revestem de resplendor divino, "como embaixadores que são da divindade, e as leis não são mais apenas vozes do homem, senão também de Deus".[14] De fato, estivessem os patrícios, nominalmente cristãos, de verdade imbuídos nas entranhas do ideário do evangelho, adimplindo, destarte, o decálogo, de direito natural, inscrito no coração dos homens de consciência reta, as leis positivas tornar-se-iam dispensáveis.

B) O Conselho Nacional de Justiça e os crucifixos

Em decisão de 2016, o Conselho Nacional de Justiça (CNJ) anulou um ato administrativo praticado em 2012 pelo Conselho Superior da Magistratura do Estado do Rio Grande do Sul. Por meio do referido ato administrativo, a cúpula do poder judiciário gaúcho havia determinado a retirada dos crucifixos das dependências dos fóruns.

Quem reclamou dos crucifixos? Constam do voto do relator do processo, conselheiro Emmanoel Campelo, as seguintes entidades reclamantes: Rede de Saúde Feminista,

---
[13] Aquino, Francisco Felipe. *Cartas Pastorais*, Arquidiocese de Cuiabá, Cuiabá, 1942, p. 37.
[14] *Ibidem*, p. 34.

Comunicação Saúde e Sexualidade, Marcha Mundial de Mulheres, Grupo pela Livre Orientação Sexual e Liga Brasileira de Lésbicas.

Quem lutou pela anulação do ato e, consequente recolocação dos crucifixos nos prédios forenses: a Arquidiocese de Passo Fundo.

Na decisão monocrática que anulou a ordem de recolhimento dos crucifixos, o conselheiro Campelo não se fundamentou em razões religiosas, mas em motivos culturais. Vejamos alguns excertos do brilhante voto:

> "(...) entendo que os símbolos religiosos são também símbolos culturais, que corporificam as tradições e valores de uma cultura ou civilização, sintetizando-os. Nesse sentido, o crucifixo é um símbolo simultaneamente religioso e cultural, consubstanciando um dos pilares – o mais transcendente – de nossa civilização ocidental". "Evidencio, assim, que para acolher a pretensão de retirada de símbolos religiosos sob o argumento de ser o Estado laico, seria necessário, também, extinguir feriados nacionais religiosos, abolir símbolos nacionais, modificar nomes de cidades e até alterar o preâmbulo da constituição federal." "(...) resta claro que a presença do crucifixo não significa uma mistura de religião e Estado, mas remete a uma questão histórico-cultural, sem ferir a liberdade religiosa ou privilegiar apenas uma crença." "O ato de retirar um crucifixo de espaço público, que tradicionalmente e historicamente o ostentava, é ato eivado de agressividade, intolerância religiosa e discriminatório, já que atende a uma minoria, que professa outras crenças, ignorando o caráter histórico do símbolo no judiciário brasileiro."

Assevera Paulo Brossard, citado pelo conselheiro do CNJ:

> "Em todas as salas onde existe a figura de Cristo, é sempre como o injustiçado que aparece, e nunca em outra postura, fosse nas bodas de Caná, entre os sacerdotes do templo, ou com seus discípulos na ceia que Leonardo Da Vinci imortalizou".

5) Fraternidade: conceito religioso

Demais, o preâmbulo emprega o epíteto "fraterno": "(...) Estado democrático, destinado a assegurar o exercício dos direitos sociais e individuais, a liberdade, a segurança, o bem-estar, o desenvolvimento, a igualdade e a justiça como valores supremos de uma sociedade <u>fraterna</u> (...)". Ora, antolha-se termo eminentemente religioso, "fraterno", que quer dizer "irmão". À luz da religião cristã, todos os seres humanos são irmãos entre si, porque possuem Deus como pai comum. Sem embargo, o então cardeal Ratzinger, hoje papa emérito, tece interessante comentário sobre tema correlato:

> "(...) a expressão 'amor fraterno' é uma bela expressão, mas não se deve esquecer a sua ambiguidade. O primeiro par de irmãos da história mundial é, segundo a bíblia, Caim e Abel, e um deles matou o outro. Trata-se de uma concepção que também encontramos em outros pontos da história das religiões. A mitologia romana da origem tem o mesmo: Rômulo e Remo. Também começa com dois irmãos e um mata o outro. Os irmãos não são, portanto, automaticamente a imagem do amor e da igualdade".[15]

---

[15] Ratzinger, Joseph. *Sal da Terra*, Editora Imago, Rio de Janeiro, 1997, p. 153.

Nossa sociedade é cristã, mas profundamente beligerante entre si. Há quem diga que vivemos em guerra civil permanente. De outra banda, do mesmo modo que é fácil fazer um inimigo (por exemplo, em briga de trânsito), da mesma forma parece tranquilo estabelecer amizades com desconhecidos (o que não ocorre com tanta facilidade em outros países); basta que se saiba direcionar a "adrenalina" dos patrícios para a área correta da sensibilidade. Voltaremos ao assunto, quando em outro capítulo, discorrermos sobre o ensino religioso como um dos antídotos da violência.

Assim como assim, a frase "sociedade fraterna" denota a intenção do constituinte originário de que se forje na sociedade, principalmente por meio das regras jurídicas, clima de lídima irmandade entre os brasileiros, mormente por intermédio do auxílio mútuo e do socorro aos mais pobres. Ricardo Dip faz a sequente interpretação desse ponto do preâmbulo constitucional:

> "O texto constitucional, com o indigitado compromisso preambular, na linha da interpretação antes destacada, seculariza a proposta antropológica de Jesus Cristo, positivando o princípio de que, muito mais do que iguais, somos irmãos".[16]

Faz-se mister afuroar o real significado da frase religiosa "sociedade fraterna", redigida no preâmbulo da constituição, uma vez que, por princípio, os vocábulos na lei não surgem à toa, mas visam a comunicar determinado preceito. Conforme ensinou o papa Leão XIII, a sociedade política foi deveras remodelada pelas instituições cristãs. Ouçamos o sumo pontífice:

---

[16] Dip, Ricardo. *Direito Natural, uma visão humanista*. Carlos Aurélio Mota de Souza (org.), editora Cidade Nova, São Paulo, 2012, p. 23.

I – PREÂMBULO DA CONSTITUIÇÃO FEDERAL

> "(...) Não se pode duvidar de que a sociedade civil tenha sido essencialmente renovada pelas instituições cristãs, que essa renovação tenha tido por efeito elevar o nível do gênero humano, ou, para melhor dizer, chamá-lo da morte à vida, e guindá-lo a alto grau de perfeição, como não se viu semelhante nem antes nem depois, e não se verá jamais em todo decurso dos séculos".[17]

Grande pontífice da causa dos operários, Leão XIII inculca o valor inestimável do cristianismo nas leis do Estado, citando santo Agostinho:

> "Noutro lugar, o mesmo doutor repreende nestes termos a falsa sabedoria dos políticos filósofos: 'Aqueles que dizem que a doutrina de Cristo é contrária ao bem do Estado, deem-nos um exército de soldados tais como o faz a doutrina de Cristo, deem-nos governadores de províncias, maridos, esposas, pais, filhos, senhores, servos, reis, juízes, contribuintes, enfim, exatores do fisco como os quer a doutrina cristã! E ousem ainda dizer que ela é contrária ao Estado! Antes, não hesitem em confessar que é altamente salutar para o Estado, quando observada'".[18]

O súbito interesse do Estado, nos três poderes da república, pelo instituto da conciliação judicial não é apenas fruto do anelo de desafogar as instâncias judiciárias, mas corolário da sociedade fraterna que se quer edificar, conforme escrito no preâmbulo, sociedade não essencialmente contenciosa, mas essencialmente amistosa, preferindo-se o acordo entre as partes do processo à solução adjudicada da lide. Com efeito, eis o que disse Cezar Pelluso, no discurso de posse como presidente do

---

[17] Leão XIII, carta encíclica *Rerum novarum*, n.42.
[18] Idem, n. 34.

Supremo Tribunal Federal, falando da necessidade de instalar os procedimentos de conciliação em todos os órgãos do poder judiciário brasileiro:

> "Noutras palavras, é preciso institucionalizar, no plano nacional, esses meios como remédios jurisdicionais, e de cuja adoção o desafogo dos órgãos judicantes e a maior celeridade dos processos, que já serão avanços muito por festejar, <u>representarão mero subproduto</u> de uma transformação social ainda mais importante, a qual está na <u>mudança de mentalidade</u> [metanoia] em decorrência da participação decisiva das próprias partes na construção de resultado que, pacificando, satisfaça seus interesses".

Observe-se que Pelluso tacha o desafogo do poder judiciário como reles subproduto da conciliação, mostrando que o mais importante é a esperada mudança de mentalidade, autêntica metanoia, sobretudo dos juízes, os quais têm de enaltecer e privilegiar o diálogo entre as partes do processo judicial, antes de bater o martelo da sentença. Cuida-se de mecanismos que ensejam a ereção da sociedade fraterna, sociedade de irmãos, que têm Deus como pai comum.[19]

Excurso: "Deus e a constituição" -Plínio Correa de Oliveira ("O Legionário", n. 76, 8/3/1931)

Conta-se que um célebre professor de escultura ateniense deu certa vez a seus alunos, para concurso, a tarefa de esculpirem uma mulher que fosse um modelo consumado de beleza física.

---

[19] De fato, não é infactível que, por exemplo, em abalroamento de automóveis, João, culpado, não tendo como ressarcir os prejuízos de Pedro, ofereça os préstimos de pintor. Assim, em vez de desembolsar certo numerário do qual carece, João se prontifica em pintar a fachada da casa de Pedro. Ao invés de rancor, nasce até mesmo amizade entre os dois litigantes processuais. Assim se constrói a sociedade fraterna.

Apresentados os trabalhos, dois se salientaram dos demais pela habilidade de sua composição. Um era de autoria de um persa, que concretizara no mármore o ideal de beleza de seus conterrâneos: uma formosa e riquíssima mulher, adornada com fazendas maravilhosamente ricas, estofos preciosos e joias sedutoras. O grego apresentou uma obra simples: dotada da serenidade clássica de seus traços helênicos, uma ateniense majestosa no porte, altiva no olhar, formosa em todos os detalhes de sua beleza impecável. Era seu traje apenas uma simples túnica que a cobria até os pés.

Depois de muito pensar, o professor concedeu ao grego o prêmio da vitória. E ao persa, que lhe perguntara indignado qual a causa da preferência, respondeu apontando-lhe sua obra: "Se a esculpiste rica, é porque não a soubeste fazer bela".

Em matéria de questões doutrinárias, sigo integralmente o modo de ver do professor ateniense, quando procuramos envolver nossos argumentos na roupagem suntuosa de eloquentes imagens, ou nos fazemos compreender mal ou alongamos sem necessidade um trabalho que, em menos tempo, se leva com igual proveito.

É certo que há pessoas que só leem artigos devidamente açucarados por meia dúzia de floreios de imaginação. Não podem suportar a aridez de certas questões.

Essas pessoas lembram certos meninos preguiçosos que, sem se darem ao trabalho de estudar, se julgam com direito a todos os prêmios. Quem não tem a força de vontade de ler um artigo árido sobre uma questão também árida, e recorre infalivelmente aos trabalhinhos adocicados em que o sentimentalismo mutila os raciocínios, e a brevidade e superficialidade da argumentação deformam as ideias, não tem o direito de formar opinião sobre assuntos complexos. É quase uma questão de probidade intelectual.

Se a exposição que passarei a fazer parecer muito árida, julgo que estou no meu direito. Não penso que devemos fazer com questões importantes o que fazem certos tratados de física para moças, que à força de quererem tornar amena a matéria, vão tão longe que perdem algo de seu caráter científico, para se aproximarem um pouco da prestidigitação.

Vamos diretamente ao assunto. A questão é a seguinte: trata-se de saber se a futura constituição brasileira deve ser promulgada em nome de Deus.

Em relação ao problema da existência de Deus, pode o homem tomar três atitudes: ou o homem afirma, na plenitude de sua certeza, que há Deus; ou nega com certeza não menor que Deus existe; ou duvida, perante a complexidade dos argumentos apresentados pró e contra a existência de Deus, e nesse caso, ou é positivista (abandonando completamente a esperança de encontrar a verdade em matéria religiosa) ou está em um período de formação, e espera que mais cedo ou mais tarde resolverá a questão. Mas, em qualquer caso, ou afirma, ou nega, ou duvida.

De cada uma dessas posições decorrem atitudes absolutamente diferentes na orientação geral que cada qual dá à sua vida. Se o homem crê em uma religião, conforma sua existência inteira com essa crença. Se um homem não professa religião alguma, conforma todos os seus atos com sua descrença. Se duvida, conformará com sua dúvida todo seu proceder.

Se tivéssemos um Estado todo composto por indivíduos pertencentes a uma mesma religião, claro está, portanto, que todas as instituições, todas as leis, toda a vida da nação seria orientada de acordo com essas crenças. E podemos dar como exemplo não somente os Estados medievais, profundamente imbuídos de catolicismo, como também os Estados unanimemente pagãos (todos os países da antiguidade, excetuadas a Judeia e certas regiões do oriente e da África de hoje).

Se tivéssemos um Estado unanimemente ateu, toda a vida pública seria orientada (ou desorientada...) pelo ateísmo. Temos como exemplo a Rússia de nossos dias.

Se tivéssemos um Estado unanimemente positivista, teríamos uma nação tal e qual o Brasil hodierno.

O Estado não pode deixar de tomar uma atitude qualquer em face do problema religioso.

Efetivamente, ou ele introduz a invocação a Deus na constituição, o ensino religioso nas escolas, o caráter de sacramento no casamento etc., e neste caso ele age como um Estado crente; ou ele considera falsa a religião, põe como preâmbulo de sua constituição uma afirmação solene de ateísmo etc., e procede como um Estado ateu; ou ele silencia a respeito do problema religioso, ladeando-o sem o negar, e sem o afirmar, e procede como um Estado onde impera a dúvida.

Qualquer uma das atitudes que ele adota, será sempre contrária ao modo de ver de uma parcela mais ou menos importante da opinião pública, nos nossos Estados modernos, esfacelados na sua unidade moral e religiosa. Essa afirmação é tão compreensível que dispensa demonstração.

Ora, dado que o Estado é forçado, pela natureza das coisas, a tomar uma atitude qualquer (seja ela de crença, descrença ou dúvida) em face do problema religioso, é evidente que a única solução admissível é plasmar as instituições do país segundo a opinião religiosa da maioria de seus habitantes.

Claro está que, em caso algum, se justifica a opressão *manu militari* ou outra qualquer atitude violenta em relação às minorias dissidentes, que merecem toda a brandura que a caridade lhes outorga, desde que elas não ultrapassem os próprios limites traçados pela lei e pelo direito natural.

Consequentemente, em um país como o nosso, em que o povo é católico, catolicíssimo até, em que a Igreja católica é a única força organizada existente, no dizer do insuspeito dr. Plinio Barreto, no "Estado de S. Paulo", as instituições devem ser católicas, o ensino deve ser católico, o casamento religioso deve ter, para os católicos, valor jurídico, tudo enfim deve ser católico.

Claro está que nem por isso devemos proibir aos protestantes e outros acatólicos que deem, particularmente, aulas de sua religião a seus filhos, que se casem perante um juiz de paz, e não perante o sacerdote católico etc. No entanto, rejeitamos formalmente a tese de que, uma vez dadas aos católicos as regalias a que têm direito, sejam as mesmas concedidas às outras "igrejas".

Efetivamente, como demonstramos, o catolicismo, como religião da imensa maioria, deve ter uma situação privilegiada no Brasil. Nos países em que a imensa maioria pertença a outra religião que não a nossa, deve esta ocupar uma situação proeminente, que os católicos devem esforçar-se por respeitar. Quer isto dizer que devem as minorias católicas preferir o protestantismo oficial ao agnosticismo oficial, o que, aliás, tem sido escrupulosamente feito.

Já reproduzi, em artigo anterior (cf. A ciência e o indiferentismo religioso, O "Legionário", n. 61, 13-7-30) o significativo fato de ter o cardeal-arcebispo católico de Londres protestado contra uma tentativa de se desoficializar a "Igreja" oficial protestante da Inglaterra. E o cardeal dava como razão que a Inglaterra, país de maioria protestante, justo era que tivesse lá o protestantismo suas garantias e suas regalias (conforme consignado no artigo em referência, o cardeal Newman alegava que era mais vantajoso para o catolicismo ter oficializada uma religião inimiga, a ter, prestigiado pelo Estado, o agnosticismo.)

Provado isto, está provado, é claro, que ao menos a elementaríssima invocação do nome de Deus, pedida, segundo dizem, pelos reverendíssimos e excelentíssimos senhores arcebispo e bispos de São Paulo, se justifica plenamente.

II
LIBERDADE DE CONSCIÊNCIA E DE CRENÇA

Constituição federal:

Artigo 5º (...) VI- é inviolável a liberdade de consciência e de crença, sendo assegurado o livre exercício dos cultos religiosos e garantida, na forma da lei, a proteção aos locais de culto e a suas liturgias.

VIII- ninguém será privado de direitos por motivo de crença religiosa ou de convicção filosófica ou política, salvo se as invocar para eximir-se de obrigação legal a todos imposta e recusar-se a cumprir prestação alternativa, fixada em lei.

Artigo 19. É vedado à União, aos estados, ao Distrito Federal e aos municípios:
I- estabelecer cultos religiosos ou igrejas, subvencioná-los, embarcar-lhes o funcionamento ou manter com eles ou seus representantes relações de dependência ou aliança, ressalvada, na forma da lei, a colaboração de interesse público (...).

Artigo 143. O serviço militar é obrigatório nos termos da lei.
§1º Às Forças Armadas compete, na forma da lei, atribuir serviço alternativo aos que, em tempo de paz, após alistados, alegarem imperativo de consciência, entendendo-se como tal o decorrente de crença religiosa e de convicção filosófica ou política, para se eximirem de atividades de caráter essencialmente militar.

§2° As mulheres e os eclesiásticos ficam isentos do serviço militar obrigatório em tempo de paz, sujeitos, porém, a outros encargos que a lei lhes atribuir.

1) Várias questões

A liberdade de consciência e de crença, conforme se depreende da simples leitura do texto da constituição, envolve vários assuntos, variegados comportamentos. Neste capítulo, é claro, não aprofundaremos nenhum deles. Tão somente teceremos comentários gerais, priorizando o enfoque do direito eclesiástico, o qual valoriza a dimensão religiosa incrustada em diversos artigos da carta política, em garantia dos valores morais caríssimos ao povo brasileiro.

2) A consciência

Sabemos que só o homem dispõe de consciência. Tem-na porque é inteligente, capaz de raciocinar, diferentemente dos outros animais, que não pensam.[20] Como se define a *consciência*? Eis conceito lapidar da lavra do teólogo moralista Marciano Vidal:

> "Pode-se afirmar que quando se quer evidenciar a dimensão moral da pessoa, o seu ser sujeito moral, substitui-se o termo pessoa por consciência e a ele, obviamente, atribuem-se todas as qualidades distintivas de pessoa em tensão moral".[21]

---
[20] Leia-se novamente o excurso do capítulo I: "Como se produz o pensamento".
[21] Vidal, Marciano. *Dicionário de Teologia Moral*, p. 151. Paulus, São Paulo, 1997.

3) O que é crença

A) A crença religiosa

A liberdade de consciência e de crença visa a custodiar apanágio essencial do ser humano. De fato, o homem tende para Deus. O coração humano estará inquieto, enquanto não repousar em Deus, conforme no-lo demonstra santo Agostinho.[22] O composto humano, alma e corpo físico, depende sobremaneira de Deus. Mesmo sob o prisma meramente científico, verificamos, com Jung, discípulo de Freud, que inexiste patologia psíquica não relacionada a problema religioso. Assim, em determinadas situações, se o "instinto" religioso do homem não consiste em adorar Deus, com certeza consistirá na adoração de ídolos, como o dinheiro, o poder, o sexo, o trabalho enfadonho etc. Mas, a lacuna permanecerá no coração e apenas restará colmada por meio da prática autêntica da religião.

Cônscio, portanto, da essencialidade da religião, aqui nomeada de "crença", o constituinte de 1988 não poderia deixar de protegê-la. A título de indagação pragmática, pergunta-se se o "satanismo", por exemplo, qual odiosa irreligião, fruiria da salvaguarda do Estado. Ives Grandra da Silva Martins responde que não. O jurisperito se fundamenta no preâmbulo da carta política, no qual consta que a constituição foi promulgada sob a proteção de Deus. Desta feita, somente as crenças teístas estariam salvaguardadas pela constituição. De qualquer modo, juridicamente falando, o assunto não é tão simples assim. Desafortunadamente, a meu ver, o "satanismo" ou outras práxis contrárias a Deus, se encarariam como "religião às avessas", para fins de proteção do Estado e, por conseguinte, o culto satânico ou anticulto seria objeto de amparo do direito constitucional.

---

[22] Santo Agostinho de Hipona, *Confissões*, capítulo I. Editora Martin Claret, São Paulo, 2002.

Para a maioria dos brasileiros, entretanto, a religião significa o culto a Deus, o criador e não ao diabo, reles criatura. Assim, a constituição em vigor valoriza os cultos religiosos autênticos e saudáveis, dos vários credos, com visível preponderância do ideário cristão (religião praticada pela maioria dos brasileiros). Conforme já escrevemos em outras partes deste livro, os valores do cristianismo se entranham na carta política, às vezes diretamente, como na norma que tutela o instituto do casamento (artigo 226, §2º), outras vezes indiretamente, como na norma que determina a erradicação da pobreza (artigo 3º, III), elevando tal empreendimento ao altiplano de objetivo do Brasil.

B) A crença não religiosa ou simplesmente filosófica

A crença, contudo, não se restringe à religião. Cuida-se do direito abstrato de crer e, principalmente, de manifestar o pensamento, seja ele qual for. Sem embargo, há crenças ou teorias, cuja manifestação explícita a sociedade convencionou banir e punir. Uma delas é o nazismo. Outrossim, não se toleram e se punem quaisquer manifestações preconceituosas em detrimento de raças, em detrimento dos homossexuais etc.

Convém atentarmo-nos para o artigo 18 da Declaração Universal dos Direitos Humanos, da ONU:

> "Todo homem tem direito à liberdade de pensamento, consciência e religião; esse direito inclui a liberdade de mudar de religião ou de crença e a liberdade de manifestar essa religião ou crença, pelo ensino, pela prática, pelo culto e pela observância isolada ou coletivamente, em público ou em particular".

4) Caraterísticas da religião católica

Neste nosso estudo de direito eclesiástico, cumpre-nos o mister de frisar as temáticas religiosas da constituição federal. Assim sendo, interessa-nos sobreposse o conceito de "crença" enquanto religião.

A religião católica ainda é, em nosso torrão, o credo mais professado entre os compatriotas. De fato, Jesus fundou a Igreja católica há dois mil anos. Essa assertiva não depende de fé. Trata-se de fato histórico, comprovado documentalmente. São Pedro, o primeiro papa,[23] realmente foi bispo de Roma, a cidade eterna. Os protestantes, católicos dissidentes aparecidos no século XVI, que têm por característica "protestar" contra a doutrina católica (daí a designação de "protestantes"), argumentavam que não existia prova cabal da estada de são Pedro em Roma, a despeito das inúmeras comprovações escriturísticas e de outros documentos. No século XX, contudo, por ordem do papa Pio XII, executaram-se escavações no subsolo da Basílica de São Pedro, as quais se depararam com o túmulo do pescador que Cristo elegera o primeiro papa.

Afirmamos que uma das principais características do catolicismo é sua universalidade. Com efeito, a palavra grega *katolicós*, donde provém a forma portuguesa "católico", quer dizer "universal". Assim, a Igreja católica evangeliza o mundo inteiro, atendendo ao mandado de seu divino fundador. Os portugueses que descobriram o Brasil não tencionavam apenas angariar terras e riquezas para a metrópole; anelavam, também, levar a boa-nova (tradução do termo "evangelho") de Jesus Cristo aos aborígenes. Essa nuança apostólica das expedições marítimas

---

[23] Palavras de Cristo a são Pedro: "Pedro, tu és pedra e sobre esta pedra edificarei a minha Igreja" (cf. Mt 16,18)

portuguesas se constata até mesmo pelos nomes com os quais os lusitanos denominavam as novas terras. O Brasil recebera, primeiramente, o nome de Monte Pascoal, porquanto as naus atracaram nestas plagas à época da Páscoa. Posteriormente, nomeou-se o Brasil de Terra de Santa Cruz. Vale dizer, não se olvidará o intuito manifesto de saudável proselitismo, impregnando-se, indelevelmente, a religião católica em tantos lugares e instituições. É o que se vê hoje em dia por todo o país.

5) Características da "religião protestante"

Conforme expendemos no parágrafo anterior, a principal característica da religião protestante é, efetivamente, "protestar"; daí o nome de protestantismo. Este credo teve início no século XVI, com um grupo de católicos que resolveram se insurgir contra a doutrina da Igreja, levantando veementes protestos (Lutero, Calvino, Zuinglio etc.). Trata-se da famosa "reforma" (revolução). Assim, o protestantismo, também conhecido por "evangelismo" ("evangélicos"), rebelou-se e, ainda hoje, para legitimar suas teorias, rebela-se contra o catolicismo, quase sempre apenas a nível teórico. Característica relevantíssima do protestantismo é sua divisão em centenas de denominações diferentes (batistas, anglicanos, presbiterianos, Igreja Universal do Reino de Deus, Assembleia de Deus etc.), com doutrinas, às vezes, antagônicas entre si. Essa vicissitude protestante destoa da unidade católica afiançada pelo papa, sucessor de são Pedro.

Não há embates expressivos entre católicos e protestantes, como os houve no passado. Felizmente, católicos e protestantes (ou evangélicos) convivem harmoniosamente no Brasil. De fato, deve-se asseverar que ambos os grupos professam a religião cristã, com enormes e insuperáveis diferenças doutrinárias, é claro, mas, com certo resíduo essencial comum, o qual coloca uns e outros na mesma trincheira em prol de valores como a família, a vida, a justiça social, enfim, na atividade pública, católicos e protestantes forcejam por se posicionar sob o influxo do amor pregado por Jesus Cristo e, muita vez, se congregam nas mesmas liças, como, *v.g.*, na batalha contra a aprovação do aborto.

6) Outras religiões

As outras grandes religiões, como o judaísmo e o islamismo, contam com minoria de sequazes no Brasil e não divisamos o influxo delas nas normas jurídicas constitucionais. É certo que, juridicamente, o Estado arrosta-as com isonomia, garantindo aos judeus e muçulmanos idênticos direitos de professar a religião, propagá-la, construir templos, sinagogas e mesquitas, respectivamente etc. Nada obstante, não se lobriga a influência da Estrela de Davi ou da Meia Lua no *modus vivendi* dos brasileiros, a partir do prisma constitucional, objeto do direito eclesiástico.

7) Cultos religiosos

Cuida-se da celebração solene mediante a qual o homem costuma adorar Deus. É parte integrante de qualquer religião. A propósito, o termo "religião" advém da palavra latina *religio*, que quer dizer "religar". O homem, saudoso de Deus, quer estabelecer liame com a divindade, porque sem Deus não se encontra sentido para a vida. Tomando como base os dois credos majoritários do Brasil, no catolicismo, o culto mais eminente se chama "missa" (eucaristia) e no protestantismo, dá-se simplesmente o nome de culto, aplicado genericamente pelas centenas de denominações protestantes espalhadas pelo território nacional.

Como explana Celso Ribeiro Bastos, a liberdade de culto, direito de qualquer religião, implica "(...) o fato de que a prática religiosa pode ser exercida em princípio em qualquer lugar e não necessariamente nos templos, embora sejam estes a gozar de imunidade fiscal".[24] O mesmo especialista, comentando o artigo 5º, inciso VI, da constituição federal, industria que "(...) o princípio fundamental é o da não colocação de dificuldades e embaraços à criação de igrejas; pelo contrário, há até um manifesto intuito constitucional de estimulá-las, o que é evidenciado pela imunidade tributária de que gozam".[25] Antes de um *estímulo*, *data maxima venia*, enxergamos aqui o respeito do constituinte pelos credos tradicionais, mormente pelo cristianismo, a religião praticada pela esmagadora maioria do povo brasileiro (católicos e protestantes).

Frisamos, contudo, à luz do artigo 19, I, da constituição federal, a proibição de o Estado subvencionar ou estabelecer cultos religiosos. Isso ocorre em virtude da laicidade do Estado. É factível o estabelecimento de convênios entre o Estado e as denominações religiosas, para fins de beneficência social. Contudo, o dinheiro público não se aplicará na mantença de determinada religião. Como exemplo preclaro de cooperação entre o Estado e a Igreja católica, pensemos nos programas de-

---

[24] Bastos, Celso Ribeiro. *Do Direito Fundamental à Liberdade de Consciência e de Crença*, p. 109 e 110, *in Revista de Direito Constitucional Internacional*, n. 36, Editora Revista dos Tribunais, São Paulo, 2001.
[25] Idem. *Comentários à Constituição do Brasil*, p. 51, Saraiva, São Paulo, 1989.

senvolvidos pela Pastoral da Criança contra enfermidades que flagelam os neonatos. Não fossem as exitosas campanhas de vacinação promovidas pela Pastoral da Criança, a mortandade infantil recrudesceria vertiginosamente.

A Igreja católica, maior instituição de caridade do mundo em termos de organismos votados a atender gratuitamente o próximo, pactua com o Estado brasileiro inúmeros convênios de assistência social. Surge aqui interessante liame entre a religião e o serviço assistencial. Mais uma vez, os valores morais do cristianismo conspiram em prol do bem-estar da sociedade política, independentemente do credo religioso da pessoa assistida. Se se extrai a religião da sociedade, depaupera-se o instinto de amor ao próximo, uma vez que a "ética civil" não consegue legitimar o altruísmo do Estado. Não nos damos conta da imperiosidade da religião na vida política, porque sempre a tivemos conosco, confortando-nos e socorrendo-nos através dalgumas instituições sociais.

8) Liturgia

O emprego do vocábulo "liturgia" (artigo 5º, VI) descortina a influência do catolicismo na elaboração da carta magna, pois se trata de termo tipicamente católico, muita vez usado figurativamente, como na expressão "liturgia do cargo", para evidenciar as formalidades com as quais se revestem determinados cargos (axiônimos, jerarquias etc.).

A liturgia, protegida pela constituição, se define como a série de atos religiosos que formam a *cerimônia religiosa*. Como vimos logo acima, trata-se do culto ou serviço religioso. Para o católico, a missa contém o ápice da liturgia. Procurando efetivar a proteção preconizada pela carta política às liturgias, a legislação infraconstitucional, por exemplo, prevê delitos penais para comportamentos que estorvem ou impeçam a realização pacífica da liturgia. Relativamente ao tema em apreço, eis o que reza o acordo Brasil-Santa Sé:

> "Artigo 7º A República Federativa do Brasil assegura, nos termos do seu ordenamento jurídico, as medidas necessárias para garantir a proteção dos lugares de culto da Igreja católica e de suas liturgias, símbolos, imagens e objetos cultuais, contra toda forma de violação, desrespeito e uso ilegítimo".

9) A religião não priva ninguém de direitos

A crença religiosa não priva ninguém de direitos, estatui o artigo 5º, VIII, da carta política. Antanho, nos primórdios do cristianismo, os seguidores de Jesus, durante o império romano, além de perseguidos violentamente, eram subtraídos de quaisquer direitos civis. Os cristãos padeciam de odiosa *captis diminutio*. Para não reverenciar o deus César, muitos católicos se depararam com o martírio. Essa vicissitude calamitosa só encontrou freios no edito de Milão, com o imperador Constantino.

A religião, contudo, não servirá de pretexto para o descumprimento de preceito a todos imposto pelo ordenamento jurídico. Pense-se, a título de exemplo, no serviço militar. Há seitas religiosas fundamentalistas que repugnam a prestação na caserna. O cristianismo, pelo contrário, estimula os cidadãos a interagirem em todas as atividades sãs propugnadas pelo Estado. O serviço militar, a princípio, não comporta menoscabo aos valores morais, e sim estima pelo bem-estar da sociedade política, mesmo porque eventual guerra pode representar o direito-dever de legítima defesa, sendo que os patrícios devem estar devidamente adestrados para o combate.

10) O serviço militar

Consoante assentado anteriormente, os imperativos éticos decorrentes da religião não privam ninguém de direitos. Prova disso é a faculdade de cambiar o serviço militar por atividade social alternativa, a teor do artigo 143, §1º da constituição federal. Com efeito, determinadas convicções filosóficas não religiosas outrossim acarretam a liberação do serviço miliar. Sem embargo, frise-se que não é consentâneo com o cristianismo abster-se de servir o exército, muito pelo contrário, na caserna, muita vez, se haurem valores morais relevantíssimos, como o amor à pátria. Por conseguinte, não é da índole do povo brasileiro repudiar a prestação militar. Aqui quer-se proteger a minoria da minoria. Apenas isso.

A Igreja católica admoesta os leigos[26] (católicos correntes) a exercerem a cidadania de maneira ativa, participando de todas as atividades do Estado, animando e aperfeiçoando a ordem temporal com o espírito do evangelho, à luz do que preceitua o cânon 225, §2º do código canônico, assim traduzido:

> "Têm [os leigos] o dever especial, cada um segundo a própria condição, de animar e aperfeiçoar com o espírito evangélico a ordem das realidades temporais, e, assim,

---

[26] Para maior esclarecimento do leitor, em que pese à insuficiência do conceito do ponto de vista canônico e teológico, elucidamos que leigos são os católicos não ordenados, vale dizer, que não são diáconos, padres ou bispos.

dar testemunho de Cristo, especialmente na gestão dessas realidades e no exercício das atividades seculares".

Infelizmente, há seitas, que não vem para aqui nomeá-las, as quais aborrecem o próprio amor à pátria. Mas, como escrevemos acima, trata-se da minoria da minoria...

11) Isenção do serviço militar de mulheres e eclesiásticos

Reza o artigo 143, §2º da constituição da república que, em tempo de paz, as mulheres e os eclesiásticos isentam-se do serviço militar, todavia, têm de cumprir outros encargos atribuídos pela lei.

O constituinte entende por "eclesiásticos" os varões ordenados e geralmente incardinados nalguma diocese ou instituto religioso. São os diáconos, padres ou bispos. No entanto, os exercentes desses cargos não podem ter menos de 25, 30 ou 40 anos de idade, respectivamente. Portanto, não se subsomem à faixa etária do jovem de 18 anos que vai servir o exército. Então, abrangem-se os seminaristas, isto é, os novatos postulantes à carreira religiosa, tanto católicos como protestantes ou de outros credos. Enquadra-se igualmente nessa condição o jovem de 18 anos de idade que seja "irmão" em algum instituto religioso. No entanto, essa possibilidade é assaz remota. Assim como assim, o direito canônico proscreve a inscrição de clérigos nas forças armadas, mediante o seguinte dispositivo legal, ora traduzido:

> "Cânon 289, §1º Sendo o serviço militar menos adequado ao estado clerical, os clérigos e os candidatos às ordens sacras não prestem serviço militar voluntariamente, a não ser com licença do próprio ordinário.

§2º Os clérigos usem das isenções legais, conveniais ou consuetudinárias dos encargos e cargos públicos civis impróprios ao estado clerical, salvo decisão contrária do próprio ordinário, em casos particulares".[27]

No que toca às outras religiões, às vezes se admite ao múnus de "eclesiástico" um varão de 18 anos. A Lei n. 8.239/1991 regulamenta a aplicação do artigo 143, §§1º e 2º da carta política, mas não define o que se endente por "eclesiásticos". Sem embargo, a Lei 4.375/64, que dispõe sobre a prestação do serviço militar, norma legal plenamente recepcionada pela constituição de 1988, determina o seguinte:

"Art. 29 Poderão ter a incorporação adiada:
a) por 1 (um) ou 2 (dois) anos, os candidatos às Escolas de Formação de Oficiais da Ativa, ou Escola, Centro ou Curso de Formação de Oficiais da Reserva das Forças Armadas, desde que satisfaçam na época da seleção, ou possam vir a satisfazer, dentro desses prazos, as condições de escolaridade exigidas para o ingresso nos citados órgãos de formação de oficiais;
b) pelo tempo correspondente à duração do curso, os que estiverem matriculados em Institutos de Ensino destinados à formação de sacerdotes e ministros de qualquer religião ou de membros de ordens religiosas regulares; (...)"

O artigo 29 acima transcrito fala em "adiamento" e tal providência soa conflitar com a "dispensa" estatuída pela carta magna. Desse modo, em tempo de paz, não haverá serviço militar prestado por eclesiásticos ou mulheres. Os institutos de ensino reportados no artigo ora em análise decerto não ne-

---

[27] *Codex Iuris Canonici*, cânon 289.

cessitam ser reconhecidos pelo MEC. São os cursos livres de teologia, ministrados pela Igreja católica e pelas entidades ligadas às várias denominações protestantes. Sem embargo, hoje em dia, grande parcela das faculdades de teologia gozam do reconhecimento da autoridade educacional brasileira.

A isenção dos eclesiásticos se deve à importância do trabalho desses homens de Deus, importância esta roborada pela constituição da república. Mais uma prova cabal do apreço do constituinte pelo cristianismo, bem como do liame jurídico-moral inquebrantável entre a sociedade política e a sociedade religiosa, a despeito da saudável laicidade dos poderes públicos. O cidadão, membro do Estado, não necessita apenas do "médico do corpo", haja vista o direito à saúde respaldado na carta política; precisa também do "médico da alma", vale dizer, do padre, do pastor etc. Os eclesiásticos, em número sempre minguado, pelo menos no catolicismo, têm de estar livres e desimpedidos para o cumprimento de seu honorabilíssimo mister. Somente certa mentalidade racionalista--positivista desabonaria o preceito constitucional em exame. Em todas as circunstâncias humanas, devemos dizê-lo, o espírito prevalece sobre a matéria. É o primado do espírito constitucionalmente amparado. A propósito, o acordo Brasil-Santa Sé reforça a beneficência do labor do eclesiástico, determinando a garantia do segredo do ofício sacerdotal, especialmente o da confissão.[28]

12) Limites à liberdade religiosa

Existem limitações de ordem moral à liberdade religiosa. De fato, se tal liberdade deliquescer em irresponsabilidade perante os direitos do próximo e afetar o bem comum, a auto-

---
[28] Artigo 13 do Decreto n.7.107/2010 (Acordo Brasil-Santa Sé).

ridade civil tem de se manifestar e impor barreiras. Esta é a doutrina do Concílio Vaticano II:

> "Como a sociedade civil, possui o direito de proteger-se contra abusos que possam surgir sob o pretexto de liberdade religiosa, pertence ao poder civil garantir tal proteção. Há de fazê-lo, porém, não de modo arbitrário, ou quem sabe com favoritismo injusto para uma parte, mas segundo normas jurídicas, de acordo com a ordem moral objetiva".[29]

Neste sentido, a autoridade estatal precisa rechaçar atividades só aparentemente religiosas, as quais objetivam, na verdade, o angariamento de dinheiro e não a "evangelização". O homem simples e incauto se sente atraído pelo poder mimético de determinados "ministros religiosos", que prometem principalmente a cura de males físicos, bem como o sucesso material, em troca do "dízimo". Não se escuse tais fiéis, às vezes não tão simplórios, de tentarem barganhar com Deus, porém, a autoridade civil necessita prestar atenção às ocorrências de charlatanismo e curandeirismo, comportamentos penalmente tipificados. Mas, não é fácil o enquadramento! E este é um dos "altos preços" que pagamos pela democracia! O ideal é que as comunidades religiosas sérias logrem instilar na sociedade o cristianismo autêntico, extreme de superstições e de "teologias" da prosperidade, uma vez que a cruz é parte integrante da vida do cristão, consoante assere Jesus Cristo: "Se queres seguir-me, renega a ti mesmo, toma a tua cruz e segue-me".[30] O cristianismo não é esse mar de rosas, propugnado pelos líderes de certas seitas... Aliás, o "mar de rosas" sói restringir-se ao desfrute de tais líderes, à custa do dízimo religiosamente quitado pelos fiéis.

---

[29] Declaração *Dignitatis Humanae*, 7c.
[30] Lc 9,23.

A) O exemplo salutar da Igreja católica

Entre os católicos, é notória a seriedade na gestão do dízimo e de outras contribuições dos leigos. Os padres, membros de congregações religiosas (institutos e sociedades de vida apostólica), quase sempre fazem voto de pobreza, isto é, abdicam juridicamente de quaisquer bens, inclusive com a outorga de testamento em favor da congregação. Os padres diocesanos, vinculados diretamente ao bispo, costumam receber ordenado módico, por exemplo, dois salários mínimos em muitas dioceses. Além disso, a Igreja católica, entidade que possui o maior número de instituições de beneficência do mundo, não se esquiva de drenar parcela das contribuições para a assistência dos mais pobres. Sem sombra de dúvida, os homens que se incorporam à hierarquia da Igreja católica, como padres e bispos, agem sob o influxo de lídima vocação divina, uma vez que levam vida simples e pobre. O próprio povo é testemunha desse ideal abraçado dia a dia pelos sacerdotes católicos, já que a Igreja católica figura entre as entidades mais confiáveis da população, ao lado das forças armadas e do poder judiciário.

B) Modelo germânico

Quiçá a solução para o mal dos aproveitadores da religiosidade popular comportasse mecanismo jurídico similar ao alemão. Na Alemanha, o governo gerencia o numerário do dízimo, arrecadando as contribuições de católicos e de protestantes e, posteriormente, repassando-as à Igreja católica e à comunidade religiosa luterana, assim como a outras comunidades religiosas cadastradas no governo. Todo cidadão tem de declarar o credo que professa, catolicismo, luteranismo etc. (a maior parte dos alemães são católicos ou luteranos). Na hipótese de não se praticar religião nenhuma, o "dízimo" permanece com o Estado, que o utiliza em obras sociais. Infelizmente no Brasil, onde pululam tantas seitas, à margem de entidades religiosas sérias, como a Igreja católica e, por exemplo, as comunidades derivadas do protestantismo histórico, o procedimento tedesco seria infactível.

13) Imunidade tributária dos templos

Manter imune de tributos os templos da Igreja católica e das demais comunidades religiosas significa facilitar os caminhos da vivência da religião. Houvesse impostos a carrear ao erário e, muita vez, as veredas para a profissão de fé religiosa se tornariam ínvias. De fato, estatui a constituição federal:

> "Artigo 150. Sem prejuízo de outras garantias asseguradas ao contribuinte, é vedado à União, aos estados, ao Distrito Federal e aos municípios:
> (...)
> VI- instituir impostos sobre:
> (...)
> b) templos de qualquer culto; (...)"

Nos inícios do cristianismo, as missas (eucaristia) eram celebradas nas casas dos fiéis, até para fugir das importunações do império romano, cujas autoridades perseguiam e assassinavam os seguidores de Cristo.

A efetivação do culto religioso, item também protegido pelo direito constitucional, como vimos acima, demanda outrossim lugar apropriado, condigno, ou seja, edifício ou imóvel onde os fiéis de qualquer credo religioso, com segurança e conforto, consigam se congregar para exprimir gestos e atos de adoração a Deus. E sendo a religião um tipo de instinto vital do homem, é lógico que o Estado coadjuve a prática religiosa, de *per si* tão saudável no convívio social.

No Brasil, o constituinte, sob nítido influxo do cristianismo, prescreveu a imunidade tributária dos templos, a fim de que eventual mantença custosa desses edifícios não obstasse a prática religiosa, já que, exemplificando, o não pagamento de IPTU suaviza os gastos. Mas, a imunidade constitucional, ao lume da inteligência do parágrafo 4º do artigo 150 da constituição, não abrange apenas os imóveis, abarcando, ainda, alguns consectários ou itens essenciais ao culto religioso. Por exemplo, as velas, amiúde acendidas pelos católicos, outrossim gozam da mencionada imunidade fiscal. A residência onde mora o padre ou o pastor, igualmente, não será taxada com o IPTU. Roque Carrazza elucida a questão:

> "(...) a expressão *templos de qualquer culto* há de ser entendida com certa dose de liberalidade. Assim, são templos, para fins dos disposto no artigo 150, VI, b, da Constituição Federal, não apenas os edifícios destinados à celebração pública dos ritos religiosos, isto é, os locais onde o culto se professa, mas, também, seus *anexos*, vale dizer, os imóveis que possibilitam ou, quanto pouco, facilitam a prática da religião. Afinal, os edifícios só se transformam em *templos* quando complementados com as instalações adequadas, necessárias ou vinculadas às atividades espirituais".[31]

---

[31] Roque Carrazza, *Imunidades Tributárias dos Templos e Instituições Religiosas*, p. 40. Editora Noeses, São Paulo, 2015.

Com Carrazza, portanto, concluímos que as comunidades religiosas, à medida que persigam as atividades tipicamente espirituais, são imunes aos impostos sobre o patrimônio, a renda e os serviços, "não sendo dado, nem ao legislador, nem à autoridade administrativa, deixar de reconhecer a desoneração constitucional em tela, sob pena de violação ao princípio da liberdade religiosa (...)".[32]

Excurso: "Relativismo religioso" (Rafael Llano Cifuentes, *in* "Curso de Direito Canônico")

Poder-se-ia ainda inquirir se o direito à liberdade religiosa não outorga validade jurídica ao que é puro relativismo religioso; se não viria a afirmar que todas as religiões têm direito à garantia jurídica porque todas elas são igualmente verdadeiras; se não admitiria o postulado da 'liberdade de consciência' liberal que declara que 'minha verdade é a verdade' ou que há tantas religiões verdadeiras quantas consciências. Enumeraremos a seguir os motivos que nos permitem dar resposta negativa.

1º) Se a lei proclamasse que todas as pessoas têm direito de confessar qualquer religião porque todas elas são verdadeiras, estaria, no fundo, admitindo proposição contraditória. Com efeito, pela própria força da lógica, nenhuma doutrina pode admitir que sobre uma realidade objetiva, Deus, possam existir diferentes opiniões contraditórias, igualmente verdadeiras: é impossível que Deus seja A e "não A" ao mesmo tempo e sob o mesmo aspecto.

---

[32] Carraza Roque, *Imunidades Tributárias dos Templos e Instituições Religiosas*, p. 58, in fine. Editora Noeses, São Paulo, 2015.

2º) O direito à liberdade religiosa não afirma o que é verdadeiro ou falso em matéria de religião, pois tal juízo ultrapassa o campo da sua competência; e isto por dupla razão: porque não tem meios para fazer essa avaliação e, especialmente, porque essa tarefa afasta-se de suas finalidades.

a) Os órgãos legislativos não dispõem de instrumentos doutrinais capazes de fornecer diagnóstico sobre a veracidade intrínseca duma religião. No terreno de metodologia estritamente jurídica, poderíamos encontrar, por acaso, o critério jurídico para discernir a validade duma religião?

Poder-se-ia, sem dúvida, argumentar que a doutrina social e jurídica decorrente de determinados princípios religiosos é a mais justa ou a que, em circunstâncias concretas, satisfaz as aspirações de um povo, ou realiza da melhor forma o bem comum temporal. Tal opinião poderá ser defendida ou atacada com razões jurídicas, mas isso não revelará a veracidade ou o erro do credo religioso propriamente dito. Esta última tarefa corresponde à teologia ou ao estudo comparado das religiões, mas nunca à ciência do direito ou ao poder legislativo.

b) O direito, por outra parte, regulamenta as ações, as *relações externas*, dum indivíduo com outro (relações de 'alteridade'), segundo critério de justiça, mas não faz juízo de valor sobre os sentimentos íntimos. O valor intrínseco das doutrinas só lhe interessa à medida que se manifestam externamente e enquanto possam ter influência na consecução do *bem comum temporal*.

Eis por que também, deste ponto de vista, a proclamação dos direitos à liberdade religiosa não comporta a afirmação de que esta ou aquela, ou todas as religiões são verdadeiras.

3º) Nessa altura poderia objetar-se: se uma pessoa acredita numa doutrina falsa, como o legislador, convencido do caráter falso dessa opinião pode proclamar de maneira tão absoluta o direito de errar? Pode-se, porventura, falar de direito que tem fundamento no erro? Como se podem igualar, sem cometer injustiça, os direitos da verdade e os direitos do erro?

Sob o prisma do que até agora dissemos, observa-se claramente que a objeção não está formulada em termos adequados. A problemática que implica não atinge, como já indicamos, a esfera jurídica, mas uma conceituação superior de índole filosófico-religiosa ou teológica que discriminaria a veracidade de determinada religião. *O direito à liberdade religiosa, em conclusão, não se fundamenta na verdade da confissão professada.*

4º) Ainda poderia perguntar-se se o direito à liberdade religiosa não se baseia na veracidade da religião que se confessa, qual seria o fundamento de tal direito?

O direito à liberdade religiosa fundamenta-se precisamente na dignidade da pessoa humana. A lei concede este direito a todas as pessoas que atuam de boa-fé, isto é, que acreditem subjetivamente que estão na verdade, embora objetivamente estejam no erro. O fundamento do direito reside, portanto, não na adequação da religião com a realidade objetiva (isto é, na verdade), mas na adequação do culto que se presta a Deus com os ditames da consciência (isto é, na boa-fé).

5º) Concluindo, pois, quando se fala no direito à liberdade religiosa, não se trata de declarar que, *no plano da verdade*, todas as crenças sejam iguais, mas que têm iguais prerrogativas no *plano do direito*. Não se trata de aceitar o erro 'como se fosse verdade', nem de manter-se em atitude agnóstica ou relativista. Trata-se de outra coisa bem diferente: respeitar a autonomia das crenças de cada ser humano, fundamentando-se no princípio da boa-fé. Confiando na reta intenção de quem acredita, salvaguarda-se juridicamente a opinião *subjetiva*, sem fazer juízo sobre a veracidade ou falsidade *objetiva* da fé.

Não se instituem os direitos do erro ou da verdade, mas os direitos da pessoa humana que age segundo a consciência, esteja ou não na verdade.

O direito à liberdade religiosa não supõe, em última análise, o diagnóstico sobre a veracidade do que se acredita, mas garantia jurídica para atuar livremente, segundo os princípios em que se acredita.

III
ASSISTÊNCIA RELIGIOSA E EDUCAÇÃO CONFESSIONAL

1) Assistência religiosa

Constituição federal:

Artigo 5º, VII: é assegurada, nos termos da lei, a prestação de assistência religiosa nas entidades civis e militares de internação coletiva.

"Estive preso e vieste me visitar"

Neste quadrante do direito eclesiástico brasileiro, deparamo-nos com matéria visceral, uma vez que o direito do Estado imbrica-se com o direito divino positivo. Deveras, assistir os presos é obrigação de todos os discípulos de Cristo, católicos e protestantes. É o que se depreende da inteligência desta passagem clarividente do evangelho segundo são Mateus:

> "Quando o Filho do homem vier em sua glória, e todos os anjos com ele, então se assentará no trono de sua glória (...) Então dirá o rei aos que estiverem à sua direita: 'Vinde, benditos de meu Pai, recebei por herança o reino preparado para vós desde a fundação do

mundo. Pois tive fome e me destes de comer. Tive sede e me destes de beber. Era forasteiro e me recolhestes. Estive nu e me vestistes, doente e me visitastes, preso e viestes ver-me'. Então os justos lhe responderão: 'Senhor, quando foi que te vimos com fome e te alimentamos, com sede te demos de beber? Quando foi que te vimos forasteiro e te recolhemos ou nu e te vestimos? Quando foi que te vimos doente ou preso e fomos te ver?' Ao que lhes responderá o rei: 'Em verdade vos digo: cada vez que o fizestes a um desses meus irmãos mais pequeninos, a mim o fizestes'. Em seguida dirá aos que estiverem à sua esquerda: 'Apartai-vos de mim, malditos, para o fogo eterno preparado para o diabo e para os seus anjos. Porque tive fome e não me destes de comer. Tive sede e não me destes de beber. Fui forasteiro e não me recolhestes. Estive nu e não me vestistes, doente e preso e não me visitastes'. Então, também eles responderão: 'Senhor, quando é que te vimos com fome ou com sede, forasteiro ou nu, doente ou preso, e não te servimos?' E ele responderá com estas palavras: 'Em verdade vos digo: todas as vezes que o deixastes de fazer a um desses pequeninos, foi a mim que o deixastes de fazer'".

A Igreja católica no Brasil jamais abdicou do apostolado de amparar o prisioneiro, juntando-se ao irmão que padece as agruras da enxovia, não para chancelar comportamentos errôneos e antissociais, mas com o intuito de estar ao lado do preso nesta fase da vida dele, a qual pode se transformar em caminho de penitência e de conversão. Vê-se nesse irmão e nesta irmã o rosto transfigurado de nosso Senhor Jesus Cristo. Os protestantes também a cotio compareçam aos ergástulos, aliviando as penúrias dos que em pardieiros fétidos cumprem penas privativas da liberdade.

Do ponto de vista da moral cristã, parece apodítico que perpetra pecado mortal quem se abstém de visitar os presos (pecado mortal por omissão). É óbvio que, muita vez, a visitação pessoal se faz dificultosa ou impossível, e o auxílio direto (orações, recursos financeiros etc.) aos órgãos eclesiais e religiosos incumbidos do referido ministério supre o dever moral. De fato, as comunidades religiosas, por intermédio de equipes especializadas e vocacionadas (pastoral dos encarcerados), visitam e socorrem espiritualmente o encarcerado e, destarte, representam a totalidade dos membros das comunidades religiosas. Todavia, é eminente caridade que o fiel, pessoalmente, de quando em quando, dirija-se à prisão e leve ao encarcerado uma palavra de conforto e esperança.

Bastante facundas as observações de Celso Bastos:

> "(...) a religião pode ser de uma valia transcendental em muitos casos. Quanto aos presos, pode exercer um papel fundamental de recuperação".[33]

O Estado encontra-se obrigado a fornecer os meios hábeis para a assistência religiosa nos presídios. Não basta o mero franqueamento do ingresso nos xadrezes por parte dos ministros religiosos e de outras pessoas comprometidas com o adminículo espiritual ao presidiário. É mister que haja o mínimo de estruturas convenientes. Se estamos diante de um direito subjetivo do preso, outorgado na própria constituição federal, coloca-se, do lado do Estado, o dever de criar condições para o pleno exercício do mencionado direito. Assim, por exemplo, nos presídios de grande contingente, faz-se necessária a construção de capelas ecumênicas, a fim de que os cultos se realizem em local condigno, respeitando-se a gravidade e excelência da cerimônia.

---
[33] Bastos, Celso Ribeiro, *idem*, p. 54, v. II.

Devemos pensar, também, no direito das comunidades religiosas a adimplir o preceito evangélico supramencionado, de direito divino positivo. Assim, existe o direito inalienável, constitucional, do preso, ao lado do direito outrossim impostergável, titularizado pelas comunidades religiosas. O Estado, que mediante a pena privativa de liberdade, tenciona ressocializar o preso, precisa envidar todos os esforços para a expedita fruição do direito subjetivo do artigo 5º, VII, da constituição federal. Pense-se, ainda, na possibilidade e eventual obrigação das autoridades carcerárias na condução do preso aos templos religiosos localizados fora dos presídios, em ocasiões como, por exemplo, a Páscoa, festa mais importante dos cristãos. A legislação infraconstitucional tem de regulamentar o direito de assistência religiosa do artigo 5º VII da constituição federal. Em que pese à pouquidade de palavras empregadas pelo constituinte na formalização desse direito natural de o preso receber a assistência religiosa, a fruição do dito direito implica inúmeras possibilidades, todas respaldadas imediatamente pelo texto constitucional.

O artigo 8º do Acordo Brasil-Santa Sé, que é lei, reforça o preceito da constituição brasileira:

> "Artigo 8º A Igreja católica, em vista do bem comum da sociedade brasileira, especialmente dos cidadãos mais necessitados, compromete-se, observadas as exigências da lei, a dar assistência espiritual aos fiéis internados em estabelecimentos de saúde, de assistência social, de educação ou similar, ou detidos em estabelecimento prisional ou similar, observadas as normas de cada estabelecimento, e que, por essa razão, estejam impedidos de exercer em condições normais a prática da religião e a requeiram. A República Federativa do

Brasil garante à Igreja católica o direito de exercer este serviço, inerente à sua própria missão".

Como se trata de pacto ultimado entre a Igreja católica e o Estado brasileiro, o preceito acima poderia ter detalhado os mecanismos de cumprimento do ditame constitucional em apreço, por exemplo, estabelecendo a obrigação do Estado de erguer presídios já providos de capela ecumênica ou com a previsão de capelães, como os que há nos hospitais. Mas, o acordo diplomático em tela, neste e noutros passos, infelizmente, restringe-se a repetir, com outras palavras (às vezes com as mesmas palavras), o sentido do regramento constitucional, sem nenhumas pormenorizações. Dada a devida vênia, tal modo de proceder não se coaduna com o espírito de um tratado internacional, que visa exatamente à especificação de determinados atos, acordando as altas partes contratantes sobre as diversas possibilidades de dar vida ao preceito constitucional. O indigitado acordo, que também é lei, não favorece apenas a Igreja católica, uma vez que, pelo princípio da isonomia, os outros credos têm os mesmos direitos.

Capelanias legitimadas pelo Estado

Malgrado a questão das cepelanias não se normatize na carta magna, a temática toca ao direito eclesiástico brasileiro, já que se trata da assim chamada matéria mista, disciplinada tanto pelo Estado quanto pelas diversas denominações religiosas, máxime pela Igreja católica, a qual, como veremos a seguir, celebrou um pacto diplomático com o Brasil, especificamente acerca da atuação dos capelães nas Forças Armadas.

"Estive doente e vieste me visitar"

Não só a situação prisional flagela o corpo e o espírito do homem; a moléstia igualmente debilita o ser humano e demanda a caridade do próximo. Impossível a dicotomia entre o corpo e a alma, já que o homem é criatura psicossomática. A prisão e o nosocômio correspondem a situações de amargura e angústia, nas quais o homem compreende a finitude da vida e a absoluta dependência de Deus. O enfermo carece tanto do remédio do corpo quanto do remédio da alma! Para mitigar o sofrimento do doente, nosso Senhor Jesus Cristo instituiu o sacramento da unção dos enfermos.[34] Eis o que o Catecismo da Igreja Católica explica a propósito desse sacramento:

> "Pela sagrada unção dos enfermos e pela oração dos presbíteros, a Igreja toda entrega os doentes aos cuidados do Senhor sofredor e glorificado, para que os alivie e salve. Exorta os mesmos a que livremente se associem à paixão e morte de Cristo e contribuam para o bem do povo de Deus".[35]

O sacramento da unção dos enfermos é remédio espiritual que somente a Igreja católica pode ofertar ao doente. Conforme estudamos no capítulo I deste livro, os bispos da Igreja católica encontram-se em linha direta de sucessão histórica dos apóstolos escolhidos por nosso Senhor Jesus Cristo. Desta feita, apenas os presbíteros (padres) ordenados por um bispo autêntico é que podem administrar validamente o sacramento que Jesus criou para os doentes.

---

[34] Mc 6,13; Tg 5,14.
[35] Catecismo da Igreja Católica, n. 1499.

Relevante frisar que a deficiência, física ou mental, não significa certa diminuição de prerrogativas ou faculdades. Escrevi algures:

> "Com efeito, a Igreja ensina, por exemplo, que as pessoas deficientes são plenamente humanas e titulares de direitos e deveres, devendo elas ser ajudadas a participar da vida familiar e social".[36]

Capelanias hospitalares

A Igreja católica faz-se presente em boa parte dos hospitais, por meio dos padres-capelães. Na verdade, a Igreja possui inúmeros estabelecimentos de saúde e os coloca a serviço da população, sobretudo dos mais pobres. Os ministros dos outros credos religiosos, mormente os protestantes, também atuam nos ambientes hospitalares, proporcionando aos doentes o indispensável lenitivo espiritual.

No caso específico da Igreja católica, os diáconos têm por múnus peculiar servir os pobres e as pessoas de algum modo debilitadas. Esses homens denodados costumam ir aos hospitais e levar consigo o viático (a comunhão eucarística) aos enfermos católicos praticantes.

Capelanias castrenses. Presença das comunidades religiosas nas Forças Armadas do Brasil

O ordinariato militar ou vicariato castrense é espécie de diocese ou prelazia pessoal inserida nos diversos setores das

---

[36] Sampel, Edson Luiz. *A responsabilidade cristã na administração pública*, São Paulo, Paulus, 2011, p. 134.

Forças Armadas do Brasil. Com efeito, os agentes de pastoral que labutam no ordinariato militar são oficiais, membros da caserna ou das corporações de policiais militares. No que diz respeito à Igreja católica, admitem-se apenas clérigos, obrigatoriamente padres, no exercício da capelania militar. Isso ocorre em virtude de o ofício de capelão se assemelhar ao ministério de pároco. Eis o que estatui o Ordinariato Militar do Brasil:

> "§1º Serão destinados para o serviço religioso no Ordinariato Militar sacerdotes do clero secular e do clero religioso, formando um só Presbitério. Os sacerdotes do clero secular poderão ser incardinados no mesmo Ordinariato, segundo as normas do Código de Direito Canônico. Os sacerdotes incardinados no Ordinariato Militar, uma vez completado o serviço nas Forças Armadas, poderão regressar às suas circunscrições eclesiásticas de origem, observadas, porém, as normas do Direito. Pelo contrário, os candidatos promovidos ao Diaconato para prestarem serviço no Ordinariato Militar, permanecem neste incardinados. §2º Os sacerdotes designados estavelmente para o serviço das Forças Armadas são denominados "Capelães Militares", gozando dos mesmos direitos e deveres canônicos análogos aos Párocos. Os direitos e deveres devem ser entendidos cumulativamente com os do Pároco local, em conformidade com os artigos IV e VII da Constituição Apostólica Spirituali Militum Curae".[37]

Relativamente aos protestantes, os capelães militares são todos leigos, porque, teologicamente falando, não há clérigos

---

[37] Estatuto do Ordinariato Militar do Brasil, artigo 15.

(varões que receberam o sacramento da ordem) na ambiência da reforma. Outro dado interessante repousa no fato de que a capelania católica, enquanto destinada a clérigos, obviamente compete apenas a pessoas do sexo masculino, ao passo que do lado protestante ou evangélico, há capelanias sob a gestão de mulheres (pastoras).

Justifica-se a institucionalização da fé religiosa nos meandros marciais, uma vez que os soldados vivem sob certo influxo bélico, orientados pelo apotegma *si vis pacem, para bellum* (se queres a paz, prepara-te para a guerra). Desta feita, não se há de perder de vista a referência a Deus, a fim de que a violência ínsita ao armamento militar se sublime no amor à pátria e, em última análise, no amor aos concidadãos.

A Arquidiocese Militar do Brasil, entidade da Igreja católica responsável pela assistência religiosa nas forças armadas, explana o desiderato deste jaez de apostolado castrense:

> "O **capelão militar** é um ministro religioso encarregado de prestar assistência religiosa a alguma corporação militar (Marinha, Exército, Aeronáutica, Polícias Militares e aos Corpos de Bombeiros Militares). Nas instituições militares existem as capelanias evangélicas e católicas, as quais desenvolvem suas atividades buscando assistir os integrantes das forças armadas nas diversas situações da vida. O atendimento é estendido também aos familiares. A atividade de capelania é importante no meio militar, pois contribui na formação moral, ética e social dos integrantes das unidades militares em todo o Brasil".[38]

---

[38] https://arquidiocesemilitar.org.br/historia

O ordinariato militar inclui-se entre as instituições cuja personalidade jurídica é reconhecida pelo Estado, consoante preceitua o artigo 3º do Acordo Brasil-Santa Sé. Demais, o Ordinariato Militar do Brasil respalda-se em acordo bilateral específico, ultimado entre o Brasil e a Santa Sé em 1989.

2) Educação confessional

Constituição federal:

Artigo 205. A educação, direito de todos e dever do Estado e da família, será promovida e incentivada com a colaboração da sociedade, visando ao pleno desenvolvimento da pessoa, seu preparo para o exercício da cidadania e sua qualificação para o trabalho.

Igreja católica: perita em humanidades

O papa São Paulo VI alcunhou a Igreja católica com o epíteto de "perita em humanidades".[39] De fato, independentemente de religião, qualquer pessoa de bom senso decerto saberá dar o devido crédito ao trabalho realizado pela Igreja ao largo de dois mil anos. Desde sua fundação, a Igreja ausculta os anseios humanos, compartilha as agruras da humanidade e se solidariza com os mais pobres e inermes, por conseguinte, é deveras perita em humanidades. Os bispos do Concílio Vaticano II (1962 a 1965) puderam asseverar:

---

[39] *Populorum Progressio*, n. 13.

"As alegrias e as esperanças, as tristezas e as angústias dos homens de hoje, sobretudo dos pobres e de todos os que sofrem, são, também, as alegrias e as esperanças, as tristezas e as angústias dos discípulos de Cristo. Não se encontra nada de verdadeiramente humano que não lhes ressoe no coração".[40]

Nada do que é humano faz-se estranho à Igreja, isto é, à sociedade dos que seguem e creem em Jesus Cristo. É a máxima de Terêncio: *Homo sum, nihil humanum a me alienum puto*! (Sou homem, nada do que é humano considero alheio a mim!).

Nesta base autenticamente humanística, desenvolveu-se e desenvolve-se a educação formal ministrada pelas instituições de ensino geridas pela Igreja católica. Quer-se formar o homem cristão, íntegro e honesto, e não apenas o especialista em alguma área científica. Isto para falar das universidades. A educação básica, outrossim, instila sobreposse nos ideais cristãos, capazes de preparar leigos (católicos comuns) comprometidos em animar e aperfeiçoar a sociedade política com o espírito do evangelho, conforme o cânon 225, §2° do código canônico. Contudo, não são só os católicos que haurem nímios benefícios da grandiosa estrutura educacional da Igreja. Qualquer cidadão, protestante ou de outro credo, é sempre bem-vindo às escolas católicas, que não fazem acepção de alunos, malgrado, à medida do possível, esforcem-se por preservar a confessionalidade institucional. Como veremos a seguir na análise do papel da universidade católica, a Igreja não mantém escolas apenas para suprir eventual vácuo do Estado. O objetivo primordial das instituições de ensino católicas consiste em proclamar a

---

[40] Constituição dogmática *Gaudium et spes*, n. 1.

boa-nova de nosso Senhor Jesus Cristo por meio da mediação educacional, ou melhor, evangelizar no areópago das escolas e universidades.

A universidade católica

Em uma universidade católica, por definição aberta a todo o mundo, ou seja, aos católicos, aos acatólicos e aos que não professam nenhum credo religioso, não pode haver rancor, ufanismo, orgulho, gueto ou fechamento de ideias. Devem sempre coexistir a afabilidade, o amor, a concórdia, a capacidade de compreender o outro e, precipuamente, a liberdade de pensamento.

O caráter confessional da instituição católica implica um compromisso e uma missão da parte dos professores: inculcar os valores do evangelho por meio da mediação sociológica da universidade. Isso quer dizer diálogo honesto e corajoso entre fé e razão, que permeie os variegados setores do saber científico. Para tanto, é mister que haja docentes não só bem apetrechados do ponto de vista do manejo da riquíssima doutrina católica, mas espiritualmente convictos das verdades que a Igreja ensina. Outrossim, frise-se que todos quantos exerçam cargos representativos têm o dever de respeitar a identidade da instituição.

Como se dá na faina pedagógica essa saudável permuta entre o catolicismo e a ciência? Demos um exemplo. É simples. Na faculdade de direito, ao se lecionar o tema da propriedade privada, ilumina-se a aula com os incrementos da doutrina social católica, com sua teoria da função social da propriedade, historicamente desenvolvida pela Igreja. É nesse nível que a dinâmica confessional atua! A Igreja, perita em humanidades, conforme escrevemos anteriormente, tem sempre uma palavra a dizer. Demais, é sabido que a própria universidade, surgida na idade média, é criação da Igreja católica.

Certa vez, disseram-me que o que caracteriza a universidade católica é o respeito à dignidade humana. Não é verdade. Enaltecer e fomentar a dignidade humana é obrigação de todas as pessoas e de todas as instituições que existem na face da terra. Vejamos o que reza o artigo 5º das Diretrizes e Normas para as Universidades Católicas no Brasil:

> "Missão da universidade católica é servir à humanidade e à Igreja: garantindo, de forma permanente e institucional, a presença da mensagem de Cristo, luz dos povos, centro e fim da criação, no mundo científico e cultural (...)"[41]

Demais, preceitua a constituição apostólica *Ex Corde Ecclesiae*, a lei canônica que disciplina as universidades católicas, que uma das características essenciais desse jaez de instituição de ensino consiste na "fidelidade à mensagem cristã tal como é apresentada pela Igreja" (13, 3).

Na universidade confessional católica, não se abdica da ciência. Muito pelo contrário. Princípio caro à Igreja é que a fé e a razão não estão contrapostas. Destarte, escreveu São João Paulo II no preâmbulo de sua inolvidável encíclica *Fides et Ratio*: "A fé e a razão constituem como que as duas asas pelas quais o espírito humano se eleva para a contemplação da verdade".

Sem embargo, a confessionalidade não pode se restringir às aulas de introdução à teologia, geralmente lecionadas em

---
[41] Doc. 64 da CNBB.

todos os cursos das universidades católicas. Com efeito, essa disciplina é o mínimo que a legislação canônica exige. De fato, a genuína veia confessional da universidade católica tem de se manifestar o tempo inteiro, em todas as cadeiras universitárias, em respeitoso debate acadêmico entre a ciência e a fé. Toda universidade de inspiração autenticamente cristã é dádiva à sociedade, pois não forma apenas profissionais, mas humanistas.

Confessionalidade e autonomia das universidades consoante a constituição federal

Estipula a cabeça do artigo 207 da constituição federal:

> "As universidades gozam de autonomia didático-científica, administrativa e de gestão financeira e patrimonial, e obedecerão ao princípio da indissociabilidade entre ensino, pesquisa e extensão".

Como sabemos, a educação é ponto importante do direito eclesiástico, porque as denominações religiosas, máxime a Igreja católica, se servem da educação para formar os indivíduos também do ponto de vista espiritual e ético. Trata-se de formação integral, a cargo de muitas instituições ligadas aos diferentes credos.

O conteúdo curricular das universidades atenderá aos ditames da autoridade educacional do Estado (MEC), porém, graças à autonomia didático-científica preconizada na carta magna, as comunidades religiosas poderão forjar currículos que respondam principalmente aos influxos éticos das religiões. É claro que, para lograr o êxito de tal empresa, é mister a contratação de professores sintonizados com o ideário da instituição de ensino de terceiro grau. Assim, por exemplo, se se cuidar de universidade católica, nada empece o arregimento de mestres católicos praticantes, profundos conhecedores da moral católica, da doutrina social da Igreja.

O artigo 10 do Acordo Brasil-Santa Sé referenda a norma estabelecida na constituição federal. Eis a cabeça do mencionado artigo:

> "A Igreja católica, em atenção ao princípio de cooperação com o Estado, continuará a colocar suas instituições de ensino, em todos os níveis, a serviço da sociedade, em conformidade com seus fins e com as exigências do ordenamento jurídico brasileiro".

Note-se, então, a significação da cláusula explicativa "em conformidade com seus fins". Com efeito, reiterando o que escrevemos acima, a Igreja católica e as outras denominações religiosas que gerem universidades ou escolas de quaisquer níveis, anelam ofertar a educação formal combinada com certo humanismo de cunho ético e religioso. A regra do artigo do pacto diplomático ultimado entre a Igreja católica e o Estado brasileiro aplica-se a todas as instituições confessionais de educação. Vê-se que o tratado diplomático pactuado entre o Brasil e a Santa Sé, órgão máximo da Igreja católica, não fere a isonomia constitucional no que tange ao tratamento dispensado aos demais credos religiosos.

Além das universidades e escolas fundamentais e médias da Igreja católica, há muitíssimas instituições pertencentes às denominações religiosas protestantes. Assim, *v. g.*, os metodistas têm a Universidade Metodista; os presbiterianos administram a Universidade Mackenzie. Até mesmo os umbandistas conseguiriam criar sua faculdade, a primeira faculdade umbandista do Brasil: a Faculdade de Teologia Umbandista, localizada na cidade de São Paulo. Infelizmente, ao que parece, a instituição da comunidade umbandista acabou por cerrar as portas.

Concluímos, verberando que a autonomia constitucional, reservada às universidades, sem sombra de dúvida, afiança a confessionalidade da instituição educacional de terceiro grau. De fato, a educação faz parte do que se convencionou chamar de matéria mista, ou seja, de assunto que diz respeito tanto ao Estado quanto às denominações religiosas. Demais, o artigo 206 da constituição federal, incisos II e III, eleva ao *status* de princípios a liberdade de ensino, a pesquisa, a manifestação do pensamento, bem como o pluralismo de ideias e de concepções pedagógicas.

Por fim, não nos furtaremos de consignar nosso parecer no sentido de que a universidade, em si, destina-se ao escol dos cidadãos, vale dizer, aos elementos realmente vocacionados, mais bem apetrechados para o estudo aprofundado e científico. Não é necessário que todos os brasileiros frequentem o curso superior. Hoje em dia, desgraçadamente, curso superior virou sinônimo de instrução absolutamente indispensável. Com a proliferação indiscriminada das faculdades e universidades, viceja a má qualidade do ensino superior. A ênfase tem de recair sobre o ensino fundamental, médio e profissionalizante. E nesta seara, a Igreja católica, bem como outras tantas denominações religiosas, envidam esforços por formar adequadamente, ao lume da ética cristã, forjando, assim, almas solidárias com os irmãos menos favorecidos.

III – ASSISTÊNCIA RELIGIOSA E EDUCAÇÃO CONFESSIONAL

Excurso: "Prisão, escola do crime" (Texto-base da Campanha da Fraternidade de 1997)

Embora a vida nas penitenciárias e institutos penais seja diferente das cadeias públicas e cárceres policiais, podemos concluir que a execução penal não atinge a reabilitação almejada pela lei. Pelo contrário, muitos presos, sem ter o que fazer, trocam ideias sobre as maneiras mais eficientes de burlar a lei. O ambiente de violência provoca comportamentos agressivos e condutas mentirosas. A convivência entre presos primários e reincidentes, com certos funcionários e policiais corruptos e arbitrários, enfim, tudo na prisão contribui para piorar, em vez de melhorar, a condição moral e humana das mulheres e homens presos. Essas constatações levam a se considerar as prisões escolas e mesmo universidades do crime. Podemos até nos surpreender quando alguns se reabilitam, apesar de terem passado pela prisão.

Aliás, é contrário aos princípios mais elementares da psicologia achar que se pode reeducar alguém para um convívio social sadio justamente mantendo a pessoa longe de um ambiente de relacionamento humano saudável.

No sistema atual, estima-se uma taxa de reincidência muito elevada, embora não haja dados exatos a respeito e os índices repassados à opinião pública não sejam confiáveis. Diz a sabedoria popular, entretanto, que o sistema penitenciário está falido e que cadeia não recupera ninguém.

Ao longo desses 2000 anos, a Igreja procurou viver o mandamento de Cristo: "estive preso e me visitaste". Sabemos pelo relato dos Atos dos Apóstolos que a Igreja orava pelos discípulos presos e era em tudo solidária com eles. Isso se acentua na época das grandes perseguições movidas contra os cristãos nos primeiros séculos.

(...) Hoje, as circunstâncias são diferentes, mas muitas cristãs e cristãos continuam vivendo a missão de visitar e libertar mulheres e homens privados de liberdade. Mesmo onde não há grande organização pastoral, sempre existe pequeno grupo que periodicamente a anonimamente visita as prisões, movido por solidariedade e misericórdia.

(...) Aos que o censuravam por andar em más companhias, Jesus respondeu: "Os sãos não precisam de médico, mas os enfermos; não vim chamar os justos, mas os pecadores". Foi por isso que Jesus veio: porque a humanidade doente precisa curar suas feridas. Se tudo estivesse bem, não haveria necessidade de salvação.

Os presos precisam de ajuda, de consideração, de esperança, para recuperarem sua saúde moral, espiritual, social e, se for o caso, física. As vítimas dos crimes precisam da solidariedade, do apoio dos seguidores de Jesus para curarem as feridas, as mágoas, as gravíssimas perdas que foram colocadas em sua vida pela ação destrutiva de um irmão mal encaminhado.

(...) De tudo que foi visto, destacamos algumas ideias-forças como critérios para inspirar nossas ações e nosso juízo de valor:

- a sacralidade da vida humana em todas as situações e em todos os aspectos, incluindo aí os direitos de vítimas e agressores;
- a necessidade de sermos, como cristãos, sinais de libertação e reconciliação;
- a relação entre os valores que uma sociedade cultiva e a instalação de maior ou menor grau de violência;
- a gratuidade como forma privilegiada de derrotar o mal;
- a imparcialidade da justiça e a garantia dos direitos de todo cidadão, como condição para impedir a desmoralização dos caminhos legais;
- a compaixão diante de quem sofre, seja por consequência de seus próprios atos, seja por delitos de outros;
- a necessária ação dos cristãos no sentido de prevenir o mal, trabalhando na erradicação das causas, em colaboração com todas as pessoas de boa vontade.

IV
DIREITO NATURAL E MORALIDADE ADMINISTRATIVA

Constituição federal:

Artigo 5º (....) LXXIII. Qualquer cidadão é parte legítima para propor ação popular que vise a anular ato lesivo ao patrimônio público ou de entidade de que o Estado participe, à **moralidade administrativa**, ao meio ambiente e ao patrimônio histórico e cultural, ficando o autor, salvo comprovada má-fé, isento de custas judiciais e do ônus de sucumbência.

Artigo 37, *caput*. A administração pública direta e indireta de qualquer dos poderes da União, dos estados, do Distrito Federal e dos municípios obedecerá aos princípios de legalidade, impessoalidade, **moralidade**, publicidade e eficiência (...).

1) Etimologia do vocábulo *moralidade*

Segundo o conceituado dicionário de Aurélio Buarque de Holanda, "moralidade" é a "qualidade do que é moral".[42] Por enquanto, investigamos o conceito denotativo da palavra em apreço. Antes de enfrentarmos a etimologia propriamente dita,

---
[42] Aurélio Buarque de Holanda, *Novo Aurélio, Século XXI*, p. 1365, Nova Fronteira, Rio de Janeiro, 1999.

vejamos como outro lexicógrafo de escol, Caldas Aulete, define moralidade. Eis o verbete do festejado dicionarista: "moralidade é a qualidade que têm as ações de serem conformes aos princípios da moral".[43]

Antes, ainda, de declinarmos a etimologia do termo "moralidade", prestemos atenção no conceito forjado por um dicionário de assuntos religiosos: "moralidade é a qualidade dum ato, de costumes ou de relações humanas congruentes com a regra moral".[44]

Por fim, passemos à etimologia. Socorre-nos Silveira Bueno, com o estudo da raiz da palavra "moral", donde provém "moralidade". Explica o etimologista: "moral, de *mos, moris*, 'costume', procedimento".[45] A princípio, então, asseveramos que a moralidade administrativa se acopla a alguns costumes observados no âmbito político. Mas, como apuramos nestoutra seção do verbete de Silveira Bueno, a moralidade se respalda na "ética": "'moralidade', qualidade do que é moral, de atos conformes ao código de 'ética' humana".[46] Detectamos, assim, certo liame entre ética e moral. Oportunamente, dissertaremos a propósito dessa ligação linguística. Mas, Silveira Bueno, ao analisar o vocábulo em tela na forma substantivada, aprofunda a definição, ofertando-nos a seguinte pérola conceitual: "'moral', procedimento, conduta conforme à consciência da retidão do bem e do mal".[47] Então, a moral ou a moralidade discerne o bem do mal, aborrecendo este e amando aquele.

---

[43] Caldas Aulete. *Dicionário Contemporâneo da Língua Portuguesa*, vol. IV, p. 2675, Delta, Rio de Janeiro, 1964.
[44] Olivier de La Brosse *et allii*. *Dicionário de Termos da Fé*, p. 506, 1989, Editora Santuário, Aparecida.
[45] Silveira Bueno. *Grande Dicionário Etimológico Prosódico da Língua Portuguesa*, vol. 5, p. 2526, Editora Saraiva, São Paulo, 1968.
[46] *Idem*, p. 2526.
[47] *Idem*, p. 2526.

2) Significado do vocábulo "moral"

Não podemos nos furtar em produzir conceito mais acurado da "moral", porque "moralidade", como vimos, advém de moral. Assim, é-nos lícito falar em "moral administrativa". Cremos mesmo que este termo se compagina melhor com o múnus da administração pública, o qual há de ser exercitado sob a égide da moral administrativa, consoante determina a cabeça do artigo 37 da constituição da república.

Em primeiro lugar, encaramos a moral como ciência. De fato, quando dizemos, *v. g.*, direito administrativo, reportamo-nos ora à ciência desse ramo do direito (direito-ciência) ora ao conjunto de normas que disciplinam a atividade administrativa (direito objetivo). Desta feita, moral, na acepção científica, é "o saber sobre a bondade ou a maldade dos atos humanos; saber não só teórico ou especulativo, mas prático, já que tem finalidade diretiva, que consiste em ajudar a pessoa na realização de uma boa conduta".[48] Na verdade, moral, no sentido científico, recebe nome mais adequado: "ética".

Interessa-nos, também, a definição da moral como norma objetiva, uma vez que é factível traçarmos certo paralelo entre a moral e o direito, embora este discipline o foro externo e aquela reja o foro interno. Conceituamos, destarte, a moral, no sentido objetivo, como "o conjunto de normas e princípios, embasados no direito natural e em costumes congruentes com o direito natural, que iluminam a consciência humana e insuflam o homem a praticar boas ações".

---

[48] Trigo, Tomás. *Diccionario General de Derecho Canónico*, vol. V, p. 468. Universidade de Navarrra, Navarrra, 2012.

3) Direito e moral

Existe decerto liame assaz robusto entre direito e moral. Esta constitui o supedâneo daquele. O truísmo pode ser constatado na própria constituição da república. Com efeito, a carta política em vigor alberga valores tipicamente morais, como o escopo de debelar a pobreza. A norma objetiva não veio do nada; não é corolário da boa-vontade ou da mente de homens conspícuos e interessados no bem comum. O direito é, pois, gestado nas entranhas da moral. Quanto mais a lei se aproximar dos ditames do direito natural, mais justa ela será. É óbvio que os positivistas negam a aludida tese, porém, é curioso que até mesmo João Kelsen se reporte à *norma hipotética* que determina a obediência à constituição. Sim, porque, se não recorrermos ao direito natural, fatalmente a lei carecerá de sentido: qual é a norma positiva que manda obedecer à constituição?

Tradicionalmente, faz-se distinção entre o direito e a moral. Os doutrinadores asseveram que o direito regula o foro externo, isto é, os relacionamentos intersubjetivos, ao passo que à moral toca as relações de ordem interna do indivíduo, atinentes ao foro da intimidade. Assim como assim, tanto o direito como a moral são conjuntos de regras. Este discrímen tem de ser acolhido *cum granu salis*. Não obstante, é mister perceber que a moral é mais ampla que o direito: ela abarca as leis do Estado, outorgando-lhes validade. A lei imoral nem deve ser cumprida. Alegue-se, se for o caso, a assim chamada exceção de consciência.

Qual é a fonte da moral? Deus imprimiu na alma humana as injunções morais básicas. É a reta consciência de cada pessoa. A partir daí, constrói-se inteiro edifício de princípios, portentoso fanal na elaboração das leis. Quanto à fonte do direito, sem sombra de dúvida, incumbe ao Estado o papel principal. Entretanto, alguns tipos de sociedades, como os desportistas ou mesmo a Igreja (direito canônico), produzem leis autênticas, com todos os apanágios que caracterizam a norma jurídica. Cuida-se do denominado direito paraestatal, provido de lídima juridicidade.

Para o operador do direito, é importante a consciência da simbiose que viceja entre direito e moral. Caso contrário, o profissional ou cientista do direito passa à condição de simples técnico, um legalista. Quando se interpreta a lei, torna-se fundamental verificar a *mens legislatoris*, e esse processo só se consuma diante de análise sistemática, que não olvide os princípios morais.

Mesmo que os positivistas aferrados neguem o múnus da moral no concerto jurídico, eles não são capazes de explicar os valores (solidariedade, caridade, fraternidade etc.) encontradiços em tantas leis, mormente na constituição da república. De onde provieram tais bens espirituais? É claro que esses bens pertencem ao patrimônio moral cristão do povo brasileiro e da sociedade ocidental como um todo.

4) Moralidade ou moral administrativa

Parece não haver dúvida de que "moral administrativa" seria de fato o termo correto.[49] Talvez determinado preconceito positivista tenha persuadido o constituinte a cunhar a expres-

---

[49] A "moralidade", como vimos, é a qualidade do que é moral, mas não significa exatamente o conjunto de princípios e normas morais. Assim, dir-se-ia com acerto que um ato administrativo concreto goza de moralidade porque se estriba na moral administrativa. Esta, sim, corresponde à plêiade de princípios e normas morais que, ao lado do direito, regulam a atividade do administrador público.

são "moralidade administrativa". A moral se relaciona com a religião. O cristianismo, crença prevalente no território nacional, dispõe de uma moral. O mesmo racionalismo que quis alijar Deus do preâmbulo da constituição deve ter influenciado na escolha do termo "moralidade". Pode-se asseverar que o povo brasileiro, bastante religioso e conservador, defensor da "moral e dos bons costumes", nem sempre conseguiu imprimir no texto da carta política expressões linguísticas consentâneas com os valores tradicionais. No entanto, por felicidade, o espírito da constituição logrou salvaguardar tais valores e a eufêmica locução "moralidade administrativa" cumpre, ainda, o papel de defender os referidos bens morais e éticos tenazmente impregnados nas entranhas da alma nacional.

5) A legalidade não é suficiente

A simples "legalidade" não basta para sufragar os atos administrativos. Já apregoavam os latinos que *non omne quo licet honestum est*. Desta feita, a "moralidade administrativa" ou, mais adequadamente, a "moral administrativa" impõe o paradigma de comportamento funcional do agente público. E não só isso. A dita moral administrativa também serve de parâmetro para o cidadão comum. Todos os que se sujeitam às leis ordinárias e à constituição federal têm de se pautar pelos ditames da moral administrativa. Para o crente – católico, protestante etc., – a mencionada obrigação ganha intensidade maior, porquanto, como estudamos no capítulo I, todo poder tem espeque em Deus.

Assaz significativo o fato de que a atual constituição tenha introduzido a moral ou moralidade administrativa. Nos tempos contemporâneos, em que se mofa de tudo que é ético ou moral, os constituintes resgataram joia rara para nortear a atividade pública. Não se trata, contudo, de ideário moribundo, reacionário, ora reavivado por saudosistas, mas de regras e princípios vivificantes, diuturnamente presentes na consciência cristã do povo brasileiro, desde que se celebrou a primeira missa neste torrão. Em assembleia constituinte genuinamente sintonizada com a vontade popular, a moral administrativa não poderia deixar de eclodir, ainda que homiziada no respeito humano do título "moralidade administrativa".

6) O conteúdo da moralidade administrativa segundo a doutrina

A moralidade administrativa é *grosso modo* compreendida como o regramento de conduta tirado da disciplina interior da própria administração pública (moral jurídica).[50] Não se concebe a moral administrativa como ramo da moral comum. Erro crasso! Nem sempre existem parâmetros no "interior da administração" para aquilatar da eticidade ou moralidade de certos atos administrativos *lato sensu*. Por exemplo, em determinada legislatura, os parlamentares de dado ente federativo consideram lícito e consentâneo com a moralidade administrativa a aquisição de um automóvel para o uso de cada membro da casa legislativa. Noutra legislatura, tem-se por congruente com a moralidade administrativa a compra de dois carros por parlamentar, a fim de facilitar o transporte de funcionários do gabinete. Quer dizer, não se retira desses

---
[50] Meirelles, Hely Lopes. *Direito Administrativo Brasileiro*, 79, (citando o jurista Maurice Hauriou), Editora Revista dos Tribunais, São Paulo, 1991.

comportamentos díspares o critério objetivo claro para delinear a moralidade administrativa. É preciso que a moralidade administrativa ou a moral administrativa se embase em valores universais, perenes, enfim, a verdade ética tem de prevalecer na moralidade administrativa.

Outro despautério reside na ideia da "moral jurídica". Conforme estudamos acima, a moral se diferencia do direito (jurídico). Ocorre aqui verdadeira *contradictio in terminis*! Uma coisa é a moral ou moralidade administrativa; outra coisa é o direito ou ordenamento jurídico. A denominação "moral jurídica", mais uma vez, quer chancelar visão extremamente positivista do direito, inadmitindo a moral como arrimo legitimador das normas legais. Ocorre que a constituição brasileira pertence à cultura cristã. A carta magna não nasceu em contexto anticlerical, uma vez que o povo brasileiro era e continua sendo cristão e conservador dos valores éticos, malgrado as ideologias que pressionaram a assembleia constituinte. Com efeito, não há como desligar a moralidade administrativa da moralidade ou moral cristã. Pergunta-se: por que a constituição federal protege a vida humana desde a concepção, fustigando, destarte, o aborto? Porque nossa carta política se estriba na moral cristã, sobreposse nos dez mandamentos, de raiz judaico-cristã.

7) Os valores morais albergados pela constituição brasileira

A *charta magna* contém a normativa básica para a instauração da sociedade política. Deveras, não existisse o rol dos direitos fundamentais, dificilmente edificar-se-ia comunidade operosa e de imane vitalidade. Pelo contrário, os concidadãos se sentiriam constantemente ameaçados uns pelos outros e, o que é pior, permaneceriam à mercê de eventual despotismo das autoridades.

Brasileiros somos povo realmente ditoso! O artigo 3º da constituição federal estabelece quatro objetivos para o Estado. Ei-los: 1) construir uma sociedade livre, justa e solidária; 2) garantir o desenvolvimento nacional; 3) erradicar a pobreza e a marginalização, com a redução das desigualdades sociais e regionais; 4) promover o bem de todos, sem preconceitos de origem, raça, sexo, cor, idade e qualquer outra forma discriminatória. O gáudio de ser membro desta nação reside na honorabilidade dessas metas. Trata-se de escopos extremamente altruístas e éticos, instigadores do real florescimento da personalidade humana. Em outras palavras, sob o influxo desses objetivos, obviamente nosso existir jamais se tornará sensaborão. É pena que a constituição federal não seja o "livro de cabeceira" de todos os compatriotas. Quiçá qualquer sociedade civilizada deva visar aos mesmos desígnios, todavia, o Brasil é caso à parte. Recém-saídos de período de relativa turbulência autoritária, escrevemos a constituição que forja um Estado tendente à justiça social. Há enormes agruras a superar. Entretanto, o labor expresso no artigo 3º suscita esperança e empresta sentido ao dia a dia. Desta feita, não nos é lícito assentir que o Brasil existe tão somente porque em seu solo assistem milhões de pessoas sob o pálio de idêntico ordenamento jurídico. Não! O Brasil que *criamos* em 1988 constitui nação com objetivos cintilantes, celsos e cristãos.

Que valores o constituinte quis albergar na carta política? De fato, os representantes do povo brasileiro insculpiram determinados valores na constituição, a fim de que esses genuínos *bens morais* se inculcassem no quotidiano dos que residem no Brasil. O direito não é elucubração teorética; é simplesmente instrumento prático para viabilizar a convivência entre os homens. Di-lo lapidarmente Radbruch, citado por Washington de Barros Monteiro: "O direito é o conjunto das normas gerais e positivas que regulam a vida social".[51] Neste diapasão, a *cidadania*, a *dignidade da pessoa humana*, a *soberania*, os *valores sociais do trabalho e da livre iniciativa*, bem como o *pluralismo político* (art. 1º) são valores, entre outros. A cabeça do artigo 1º explicita essa nuança, ao estatuir que o Brasil se *fundamenta* nos aludidos valores. Ora, até na seara das relações estritamente intersubjetivas, não há que se falar em vida sem respaldo nos valores éticos ou morais. A vida do homem, destituída dos valores que o direito salvaguarda, é existência inútil e perigosa. O eminente escritor Dostoiévski colocou na boca de uma de suas personagens a célebre frase: "se Deus não existe, tudo é permitido". Deus aparece aqui como a prosopopeia dos valores. Deveras, se não houvesse valores, nem a *lex legum* teria força para proibir o que quer que seja. Em outras palavras, os *princípios fundamentais* encontradiços na carta política não são obra do constituinte, pois foram simplesmente referendados, legitimados e cristalizados no texto supremo.

A) Os objetivos do Brasil

No primeiro item reportamo-nos laconicamente aos quatro objetivos da República Federativa do Brasil. Tentemos expender algumas ideias referentemente a cada uma dessas metas ao lume da questão da moral, que é a linha-mestra do presente capítulo.

---
[51] Monteiro, Washington de Barros. *Curso de Direito Civil- Parte Geral*, p. 1, Saraiva, 22ª ed., 1983.

IV – DIREITO NATURAL E MORALIDADE ADMINISTRATIVA

Comecemos pelo imensurável, porém plenamente fazível, projeto de construção de uma sociedade livre, justa e solidária. *Liberdade, justiça* e *solidariedade*. Sem sombra de dúvida, arrostamos três valores. Talvez a *liberdade* seja o mais augusto deles. Sem embargo, a *justiça* e a *solidariedade* implicam comportamentos que vencem o egoísmo e, a cotio, limitam a *liberdade* de quem resolve ser justo e aceita partilhar. Ora, é importante atentarmo-nos para o fato de que esses objetivos não se restringem a *planos de governo* ou metas institucionais. Eles precisam ser o objetivo de todo brasileiro, homem, mulher, criança, jovem e idoso. Obviamente o governo terá de envidar esforços para colimar esses objetivos, por meio de medidas políticas. Por exemplo, no que tange à redução das desigualdades sociais, sem preconceitos de origem e raça (art. 3º, III e IV), a cota de negros nas universidades é expediente jurídico eficaz, promovido pelas autoridades do Estado, com vistas em cumprir a *charta magna*. Nada obstante, erradicar a marginalização, cumprindo o preceito constitucional, é, outrossim, tarefa do homem comum, nos relacionamentos comezinhos. É-nos defeso amesquinhar o âmbito de aplicação das injunções constitucionais, como se o destinatário delas fosse apenas a autoridade constituída. É o povo que precisa estar cabalmente cônscio desses objetivos. E não é difícil introjetar esse ideário na população, pelo simples motivo de que estamos falando de valores que repousam nos entresseios da alma nacional. Neste sentido, repetimos: a constituição não "cria" os princípios fundamentais, porquanto eles estão de algum modo na consciência popular, ainda que frequentemente eclipsados em razão de certas vicissitudes. Neste ponto, a *cidadania* procura *resgatar* o que é ínsito ao modo de o brasileiro se comportar. A propósito, o vocábulo *resgatar*, apesar de usado quase sempre como neologismo censurável, no caso concreto, é mui pertinente, vez que o exercício da cidadania faz aflorar o que simplesmente jazia elíptico.

O segundo objetivo é garantir o desenvolvimento nacional (art. 3º, II). Neste comenos, a responsabilidade maior cabe ao Estado-governo, evidentemente. Inobstante, o quefazer do empresário liso igualmente favorece o referido desenvolvimento. A alavanca portentosa está entregue à máquina estatal. Só o governo está capacitado para atingir plenamente esse designío. Garantir o desenvolvimento nacional não significa aumentar a riqueza, mas majorar a qualidade de vida dos brasileiros, máxime dos pobres, porque o Brasil fez opção preferencial e constitucional pelos pobres (art. 3º, III). Ou o que está grafado na constituição é reles plano de intenções? Não, em hipótese alguma. Os objetivos do Brasil estão vazados na forma de regra constitucional autoaplicável e de vigência imediata. É o bem comum, objetivo de qualquer sociedade política, especificado para o Brasil.

O terceiro objetivo é o mais relevante: erradicar a pobreza. Como fazê-lo se não tivermos arrimo inconcusso nos valores morais da *caridade*, da *justiça*, do *altruísmo*? Lobrigamos aqui veemente ligação entre a moral e o direito. Com certeza não chegaremos a esse objetivo sem melhor distribuição de renda. O papa São João Paulo II não se cansou de verberar, em encíclicas e homilias: "há ricos cada vez mais ricos à custa de pobres cada vez mais pobres". Ora, lancetar a pobreza ignóbil e a marginalização é decerto comportamento *contrarrevolucionário*. Os constitucionalistas de nomeada costumam industriar que a constituição é o corolário jurídico de revolução (ou *contrarrevolução*)[52] incruenta. Não serão providências

---

[52] Cremos que o termo "revolução", tecnicamente falando, se reserva para denominar as operações comunistas. Sendo assim, a "contrarrevolução" é movimento contrário ao ideário marxista, com o objetivo de inculcar na sociedade os princípios da doutrina social da Igreja.

IV – DIREITO NATURAL E MORALIDADE ADMINISTRATIVA

assistencialistas a propiciar o cumprimento da constituição! É objetivo que demanda a assunção de valores. O adimplemento desse objetivo depende cinquenta por cento do governo e cinquenta por cento da população. Não se erradica a pobreza, exterminando os pobres, como soem apregoar os nazistas hodiernos, que anelam proceder à esterilização em massa. O constituinte vê a erradicação da pobreza com medidas do poder público, bem como através da consciência cívica dos abastados, chamados a dividir as riquezas (terras ociosas, por exemplo) e a se contentar com lucro menor. Também ajuda a erradicar a pobreza quem dá esmolas, atitude tipicamente cristã.

Por fim, o quarto objetivo fundamental da República Federativa do Brasil traduz-se na promoção do bem de todos, sem preconceitos de origem, raça, sexo, cor, idade e qualquer discriminação (art. 3º, IV). O bem de todos será haurido à medida que nos contentarmos com a sobriedade das posses. No fundo, o que o Estado brasileiro, governo e povo, podem edificar é a sociedade com qualidade de vida, mas sem luxo. O luxo de poucos, em sociedade flagelada pela fome, profliga sobremaneira o preceito constitucional em exame, empecendo o atingimento desse quarto objetivo.

Estamos verdadeiramente embevecidos dos valores cristãos! Todavia, o racismo é forte entre nós. Ocultamo-lo e os caucasianos amiúde não reconhecem essa patologia infecciosa. A efetiva perseguição desse objetivo exigirá políticas severas em prol da compensação da desigualdade secular entre brancos e negros, tais como a cota universitária acima comentada, mas implicará também o empenho pessoal, com a mudança de hábitos e de pontos de vistas no intercâmbio com os afrodescendentes. É precisamente neste item, vale dizer, na vivência desses valores, que lograremos alcançar os objetivos para os quais o Brasil fora remodelado em 1988.

B) A moral cristã: defensora dos princípios fundamentais do Estado

Os objetivos sobre os quais discorremos no item anterior sempre constaram do discurso da Igreja católica. Na verdade, fazem parte do que se convencionou chamar de *Doutrina Social da Igreja*. A Igreja ensina que erradicar a pobreza, isto é, a miséria nefasta que subtrai a dignidade do ser humano, é dever de todo cristão e de todo homem de boa vontade. De fato, a miséria tisna a imagem de Deus gravada nas criaturas humanas. São João Paulo II insistiu em temas como a reforma agrária, distribuição de renda, porque enxergou relação estreita entre evangelho e vida digna.

Como estamos tentando demonstrar neste item, o povo brasileiro se acha profundamente influenciado pela mundividência cristã. Tudo leva a crer que a Igreja ainda exerce papel relevante no quotidiano dos cidadãos. Por este motivo, mesmo que não seja explicitamente, os representantes do povo inocularam esses valores nas leis, maiormente na constituição federal. O Estado laico, e jamais laicista, absorveu os indigitados valores.

Os documentos da Igreja e as encíclicas dos últimos papas têm se reportado a um princípio sacado do próprio evangelho, assim formulado: opção preferencial pelos pobres, não exclusiva nem excludente. É interessante notar a similitude entre este princípio e o objetivo do Estado declinado no artigo 3º, III (erradicação da pobreza). Esta opção moral não exclui os ricos. Ela não é nem exclusiva nem excludente. Em idêntico sentido, o Estado não segrega ninguém, pelo menos formalmente no texto constitucional. Tanto isto é vero que o artigo 1º, IV, pôs a livre iniciativa como fundamento da sociedade política.

O Brasil, como sabemos, é uma das potências mais opulentas do globo terrestre; está em undécimo ou duodécimo lugar. No entanto, em virtude da péssima distribuição da renda nacional, existem milhares de bolsões de pobreza, com gente literalmente passando fome. Desta feita, o constituinte, ao erigir novel Estado em 1988, fê-lo com o coração dirigido aos clamores desta grande maioria de patrícios alijada dos recursos necessários à mantença da dignidade.

Na doutrina da Igreja, restou constantemente claro o dever do cristão-católico (a maior parte dos brasileiros) de construir uma sociedade justa e solidária[53] (art. 3º, I). Afinal de contas, da religião dessume-se a ética, que certamente mobilizou e mobiliza a comunidade. Certificamo-nos a respeito da veracidade dessas afirmações quando se nos deparam tantos políticos oriundos de movimentos eclesiais; gente egressa de paróquias que adentrou a vida pública, no afã de testemunhar a fé e criar um mundo melhor, malgrado o ainda forte abstencionismo do católico na vida política. Muitos desses cristãos estavam presentes na assembleia constituinte que teve lugar no ocaso do decênio de 1980. Na verdade, construímos Estado laico. Todavia, a carta política do país indubitavelmente veicula valores da moral cristã. Os princípios fundamentais assemelham-se a "plano de pastoral", tão vigoroso transparece o liame que ata a ética ao direito constitucional. Tomemos outro exemplo assaz famigerado. A doutrina da Igreja, desde a *Rerum Novarum*, de Leão XIII, apregoa que sobre a propriedade privada pende hipoteca social. A constituição brasileira tomou para si este

---

[53] Jo 10,10.

princípio, tornando-o jurídico no artigo 5º, XXIII. Aliás, este princípio se incluiu nas constituições de todas as potências civilizadas. Trata-se de princípio basilar, que permeia o texto constitucional inteiro. Insular qualquer artigo da constituição, ou, ainda, interpretar lei ordinária sem o archote da *lex legum* é promover exegese atamancada.

Os pontos acerca dos quais discorro encontram-se estritamente ligados a valores de matriz cristã. O jurista que deseja interpretar o imperativo de construir uma sociedade livre, justa e solidária certamente terá de compreender perfeitamente o significado dos epítetos *livre*, *justo* e *solidário*. Para nós outros, brasileiros, essas noções foram extraídas da moral cristã. Não se lhes apanharam no ar, ao acaso; são fruto de longeva maturação.

Quando se ilumina a exegese jurídica com os suportes da moral e da cultura do povo, extrai-se da hermenêutica o suprassumo do que ela pode ofertar. Quanto mais nos aprofundamos, mais penetramos no chamado espírito da lei. Esta é a vocação do operador do direito: alguém que mergulha profundo na exegese. Como poderemos levar a cabo interpretação escorreita se não considerarmos os valores éticos que compõem a chamada moralidade administrativa, tão límpidos e clarividentes na constituição, nos princípios fundamentais? Infelizmente, entre os cientistas do direito tem prevalecido visão terrivelmente positivista, neopositivista e legalista.

De certa forma, forcejamos demonstrar que os valores cristãos integram a lei. No que consiste, por exemplo, a dignidade da pessoa humana? Onde obteremos critérios acertados, objetivos e universais, para afirmar que este comportamento lanha a dignidade enquanto aqueloutro proceder enaltece a dignidade? Se nos cingirmos à inteligência tosca da lei, não nos socorrendo dos valores morais, a dignidade humana quiçá se jungirá a parâmetros harto tímidos. São, pois, os valores que conferem alma à lei.

8) Direito natural

O *constitucionalismo* dos séculos XIX e XX, prorrompe como antídoto contra o exacerbado positivismo jurídico. Quando não havia constituições (*lex legum*) no sentido formal, como as que há hoje em dia, as leis se interpretavam sob o portentoso facho do direito natural, então aceito pela sociedade[54] até o alvorecer da idade moderna.

A constituição estatal escrita e rígida, historicamente, tem o condão de preservar o mínimo, digamos assim, dos bens albergados pelo direito natural. Algumas das denominadas *cláusulas pétreas*, artigos intangíveis da constituição, salvaguardam valores relevantíssimos e augustíssimos para o ser humano, como, por exemplo, o direito à vida desde a concepção.

Neste ponto do nosso livro, discorreremos acerca do direito natural, presente tanto nas constituições estatais quanto na *constituição* da Igreja católica. Despiciendo asserir que o direito natural é, também, direito divino. Com efeito, o direito divino "subdivide-se" em *direito divino natural* e *direito divino positivo*. A indissolubilidade do matrimônio válido e consumado, exemplificativamente, corresponde a ditame do direito divino positivo.[55] A Igreja católica no Brasil (clérigos e leigos) pug-

---

[54] Na verdade, a sociedade em si aceita o direito natural ou *jusnaturalismo*, pois o homem comum crê em Deus. Ocorre, todavia, que a maioria dos governantes não leva em conta os valores evangélicos nem quando se elabora a lei, nem no instante de pô-la em prática. Nisto os leigos políticos, infelizmente, são omissos, vez que deixam de cumprir sua precípua vocação de animar e aperfeiçoar a ordem temporal com os valores do evangelho (cf. cânon 225, §2º).
[55] Mc 10,8.

nou bravamente contra a "lei do divórcio", porquanto o rompimento do vínculo conubial ofende Deus e importa menoscabo da família e deliquescência dos costumes, mas, por desgraça, sobreveio em 1977 uma *emenda constitucional*, pondo abaixo a indissolubilidade do casamento, conforme estudaremos no capítulo VI.

A) Definição de *direito natural*

É árduo engendrarmos definição de *direito natural* em meio à farragem de escolas que propugnam concepções assaz díspares, quando não contrastantes entre si ou de vertente agnóstica. Desta maneira, recorramos à solidez dos ensinamentos do *apóstolo das gentes*, São Paulo, a fim de apreendermos o genuíno sentido de direito natural, consignado na constatação de que "(...) os gentios, não tendo lei, fazem naturalmente o que é prescrito pela lei (...) pois mostram a obra da lei gravada em seus corações, dando disto testemunho sua consciência e seus pensamentos que alternadamente se acusam ou defendem (...)".[56]

Daniel Cenalmor cunhou a seguinte definição de direito natural:

> "O direito natural é parte da lei natural escrita por Deus no coração do homem (Rm 2,15), que se refere às relações de justiça; ou, com uma definição mais precisa: o conjunto de fatores jurídicos inerentes à natureza humana que operam na ordem natural".[57]

Johannes Messner difine o direito natural com estas palavras:

---
[56] Rm 2,15.
[57] Cenalmor, Daniel. *El Derecho de la Igelsia* (Co-org.: Jorge Miras). EUNSA, Navarra, 2004, p. 51.

"O direito natural é a ordem das competências próprias do indivíduo e das unidades sociais, que se baseiam na natureza humana e suas responsabilidades específicas".[58]

Em face dos dois lapidares conceitos ora transcritos, devemos concluir que o fundamento do direito natural é a *natureza humana*, donde se infere a imprescindibilidade de adequada antropologia teológica. O homem, criado à imagem e semelhança de Deus,[59] historicamente redimido por nosso Senhor Jesus Cristo,[60] está vocacionado a buscar *a verdade*, requisito da própria existência do direito natural. Nada obstante, atualmente, a verdade rasteja eclipsada em emaranhado de "verdades". Cada um tem sua verdade! É a "ditadura do relativismo",[61] à qual aludiu o então cardeal Ratzinger no limiar do conclave que o conduziria ao sólio pontifício:

> "Quantos ventos de doutrina conhecemos nestes últimos decênios, quantas correntes ideológicas, quantas modas do pensamento... A pequena barca do pensamento de muitos cristãos foi muitas vezes agitada por estas ondas, lançada de um extremo ao outro: do marxismo ao liberalismo, até à libertinagem, ao coletivismo radical; do ateísmo a um vago misticismo religioso; do agnosticismo ao sincretismo e por aí adiante. Cada dia surgem novas seitas e realiza-se quanto diz são Paulo acerca do engano dos homens, da astúcia que tende a levar ao erro (cf. *Ef* 4,14). Ter uma fé clara, segundo o credo da Igreja, muitas vezes é classificado como fun-

---

[58] Messner, Johannes. Ética Social, Editora Quadrante, São Paulo, p. 292.
[59] Gn 1,26.
[60] Hb 2.
[61] Tenho a impressão (é um posicionamento pessoal!) que na época da *ditadura militar* brasileira, malgrado os infortúnios inerentes ao regime de exceção, a sociedade, de um modo geral, incluindo a classe média, acatava padrões de uma única verdade, alicerçada nos valores do cristianismo. Com a redemocratização e a flagrante inatividade sobretudo dos leigos formadores de opinião, instalou-se a ditadura do relativismo da verdade e, por conseguinte, da ética privada e pública.

damentalismo. Enquanto o relativismo, isto é, deixar-se levar 'aqui e além por qualquer vento de doutrina', aparece como a única atitude à altura dos tempos hodiernos. Vai-se constituindo uma *ditadura do relativismo* que nada reconhece como definitivo e que deixa como última medida apenas o próprio eu e as suas vontades".[62]

Cerramos este item com a enlevada conclusão de que o direito positivo, mormente o estatal, se acercará do ótimo jurídico tanto quanto se compaginar com o direito natural, conforme as definições exibidas.

B) Realidade do direito natural

Os críticos do direito natural afirmam não haver princípios jurídicos atemporais, uniformes e universais, válidos em todos os lugares, nos variegados recantos do planeta, nas diversas culturas e religiões. Asseveram, pois, que o direito natural consiste no máximo em *princípios formais*, sem qualquer conteúdo. Desta feita, dizem, não se verifica a *consciência jurídica* comum à totalidade dos homens.

C) Conhecimento do direito natural

Diz-se que um dos maiores erros concernentes ao direito natural constitui em declarar sua evidência. Assim se expressa J. Sauter:

"O grande erro da doutrina jusnaturalista seria o da *evidência* do direito natural. Opondo-nos frontalmen-

---

[62] Ratzinger, Joseph (Papa Bento XVI). *Santa missa "pro eligendo romano pontífice"*, homilia proferida em Roma aos 18/4/2005.

te a esta teoria geralmente dominante, afirmamos com provas irrefutáveis que o direito natural não é evidente (...) Os princípios supremos que se apontaram como tais: *bonum est faciendum, malum vitandum, quod tibi non vis fieri* etc., *suum cuique tribuere, honeste vivere* etc. – não passam de sonoros enunciados, puramente formais, sobre o direito natural; o que é o *bonum* ou *honestum* 'em si' ou 'para nós', isto não no-lo dizem semelhantes enunciados, a despeito de serem totalmente evidentes. Para o sabermos, temos de atravessar um difícil caminho pela ordem do ser em que nos achamos, como reconheceu o idealismo aristotélico-escolástico".[63]

A *capacidade de conhecer* os tais princípios universais de direito natural é apodítico. Trata-se de dom inegável da razão: ser capaz de conhecer os princípios. Todavia, para adentrarmos o *conteúdo* dos indigitados princípios, é-nos forçoso realmente percorrer a *ordem do ser*, como nota Sauter, ou seja, devemos responder às perguntas: o que é bom? O que é mau?

O homem frui do *instinto à felicidade*. A partir desse instinto, plenamente desenvolvido no seio familiar, conhecem-se os princípios universais e estabelecem-se os respectivos conteúdos. O anseio pela justiça, por exemplo, desponta inato no ser humano e os parâmetros do que é justo ou injusto se gestam no recesso do lar, ainda que se trate de justiça egocêntrica, fruto de educação deficitária.

Mesmo nas circunstâncias extremamente torpes da vida, como, por exemplo, na execução sumária de um bandido acusado de traição por seus comparsas, efetua-se algum tipo de julgamento, o qual eventualmente consistirá tão só na pergunta: por que você nos traiu? Tal postura dos assassinos se explica

---

[63] Citado por Messner, in *Ética Social*, Editora Quadrante, São Paulo, p. 300 e 301.

pelo influxo do lânguido senso de justiça que ainda medra no coração deles. É o direito natural indelével, resistente aos ingentes opróbrios do drama humano.

De acordo com o que escrevemos anteriormente, o conhecimento do direito natural é plenamente factível no contexto da família e da comunidade, conforme explica Messner:

> "É a própria natureza do homem que o arrasta àquela ordem de vida comunitária da família que possibilita a todos uma existência humana. Não se trata aqui de percepções teóricas da natureza humana; o que importa é antes a experiência que o homem tem daquilo que lhe faz falta para satisfazer os anseios físicos e espirituais mais importantes".[64]

Essa *necessidade* do homem, o que lhe *faz falta*, tanto do ponto de vista material como espiritual, implica a capacidade de conhecer o direito natural e suscita a eclosão dos valores morais (conteúdo do direito natural) através dos relacionamentos intersubjetivos. Em vista desta realidade, vê-se o porquê de a Igreja se preocupar tanto com a chamada "família tradicional" (homem, mulher e filhos), "fustigando" modelos familiares que não condizem com a biologia humana.[65] Parece que apenas a família monogâmica, embasada em um homem e uma mulher com a prole, está cabalmente capacitada para fornecer ao homem os meios indispensáveis ao completo amadurecimento e, por conseguinte, à cognição do conteúdo do direito natural.

Sem o referencial da família, é impossível o despontar no homem de *instintos* naturais, na avaliação de Messner, como o

---

[64] Messner, Johannes. *Ética Social*, Editora Quadrante, São Paulo, p. 302.
[65] *Vide* o documento "Considerações sobre os projetos de reconhecimento legal das uniões entre pessoas homossexuais" (Congregação para a Doutrina da Fé, junho de 2003).

amor, o respeito mútuo, a amizade recíproca, a consideração pelo bem de todos e da comunidade em geral, o desejo de bem comum etc. Desta feita, quem diz que os princípios de direito natural são meramente *formais* tece tão somente elucubrações teoréticas a propósito do homem que contradizem a realidade. Leciona Messner:

> "De fato, estes princípios possuem já o conteúdo determinado quando o homem, em conformidade com a sua natureza, dá os primeiros passos da sua existência social".[66]

Os princípios de direito natural, que não são meramente formais, na ótica de Messner, então, se apreendem primordialmente na família e na comunidade social. Desde que o homem enceta por usufruir do uso da razão, esse processo cognoscitivo avança normalmente. Antes disso, o fenômeno natural não ocorre, já que para a criança de tenra idade o que provoca dor é ruim e o que causa prazer é bom; assim, por exemplo, um infante vislumbra a vacina como algo ruim, porque fá-lo chorar.

D) Conteúdo do direito natural

Não dissertaremos sobre cada um dos princípios universais de direito natural. Isso extrapolaria o escopo de nossas disquisições acerca dos fundamentos da moralidade administrativa. Limitar-nos-emos a arrolar os aludidos princípios, transcrevendo o escólio de Messner quando reputarmos convinhável.

---

[66] Messner, Johannes. *Ética Social,* Editora Quadrante, São Paulo, p. 303.

De fato, esclarece Messner:

"O desenvolvimento da consciência jurídica e das aspirações jurídicas dá-se sobretudo no desenvolvimento progressivo daquela harmonia entre a apreensão dos princípios (ordem da razão) e a apreensão das coisas (ordem do ser), que a própria natureza estabelece originalmente; dá-se, afinal, no desenvolvimento dos princípios morais e jurídicos simples que o homem vive, apreende e conhece no seu conteúdo, como ser familial. Surgem-lhe, assim, a pouco e pouco, as noções fundamentais sobre os deveres e os direitos (...)".[67]

Neste diapasão, corporificam o direito natural, sendo sua substância jurídico-obrigacional, os *direitos e deveres relativos à conservação da vida humana*, à *fidelidade à palavra empenhada*, o *respeito pelo bom nome de outrem*, o *direito à liberdade*, o *direito à defesa*, o *respeito pela propriedade*, à *honradez na observância dos acordos* (*pacta sunt servanda*), a *obediência à autoridade legítima*, a *vontade constante e perpétua de dar a cada um o que é seu* (*suum cuique tribuere*) etc. Em síntese, *fazer o bem* e *evitar o mal*.

Situa-se, outrossim, na órbita do direito natural a festejada "regra de ouro" ou ética da *reciprocidade*, amiúde expressa em um destes dois apotegmas: "cada um deve tratar os outros como gostaria de ser tratado" (concepção afirmativa) ou "cada um não deve tratar os outros como não gostaria de ser tratado" (concepção negativa). Pergunta-se: que cultura, civilização ou mesmo religião desabonaria a *regra de ouro*? Ou melhor: que cultura, civilização ou mesmo religião não coalesce, ao menos em teoria, com este princípio de direito natural?

Jesus mesmo reitera essa regra de ouro, isto é, esse princípio de direito natural, admoestando-nos com estas palavras:

---

[67] Messner, Johannes. *Ética Social*, Editora Quadrante, São Paulo, p. 307.

"Tudo aquilo, portanto, que quereis que os homens vos façam, fazei-o vós a eles, porque isto é a lei e os profetas".[68]

O decálogo ou *dez mandamentos da lei de Deus* é a manifestação privilegiada do direito natural. Embora revelado na história, transcrito no testamento velho, é acessível à razão humana. "Desde as origens, Deus tinha inscrito no coração dos homens os preceitos da lei natural; depois limitou-se a recordá-los" (Santo Ireneu de Lyon). O Decálogo contém a lei moral natural e universal.

Em suma, nenhuma comunidade florescerá se olvidar o direito natural. Portanto, princípios como o *individualismo* e o *coletivismo*, sob cujas égides se inflamou o incêndio das duas grandes guerras mundiais, são falsos e decerto vão de encontro ao direito natural. O próprio Kelsen, como já escrevemos, corifeu dos positivistas e neopositivistas ("justo porque está na lei"), teve de inventar uma *regra metafísica*, a "norma hipotética universal", veiculada neste imperativo: *cumpre a constituição*.

9) O direito natural na constituição brasileira

Havíamos acenado anteriormente acerca da contingência histórica de o direito natural se albergar nas constituições. Explicamos que antes do *movimento constitucionalista*, o direito natural, pacificamente admitido pelos expertos, era o garante da justiça das leis; o dique hermenêutico contra interpretações falaciosas ou mesmo contra eventual legiferação atentatória dos direitos fundamentais do homem.[69]

---

[68] Mt 7,12.
[69] Foi embasado no direito natural que sua santidade, o papa Paulo III, em 1537, exarou o breve *Veritas ipsa*, exprobando o comportamento dos colonos espanhóis sobre os índios: "Nós, portanto, atento ao que os próprios índios, embora estando fora do seio da Igreja, não sejam privados nem ameaçados da privação da sua liberdade ou do domínio da sua propriedade, pois são homens e, por isto, capazes de fé e salvação, e não devem ser destruídos pela escravidão, mas, antes, pela pregação e exemplo, convidados para a vida" (Denziger-Hünermann, 1495).

Neste item, em ligeiras pinceladas, gostaríamos de passar em revista o cerne do direito natural contido na constituição do Brasil. Inobstante, é mister diferençarmos o teor *materialmente constitucional* do *formalmente constitucional*. É certo que o direito natural sempre será material e formalmente constitucional, pois seu conteúdo define o que se entende por *constituição*. Vale dizer, toda constituição de Estado democrático de direito deve dispor relativamente aos direitos fundamentais do ser humano, bem como à divisão e exercício do poder. Estes dois elementos, a saber, a catalogação dos direitos fundamentais do homem e o regramento do poder, são parte integrante de qualquer constituição de país civilizado. Por uma peculiaridade histórico-institucional, que não vem para aqui, a constituição federal brasileira abriga alguns temas que não são matéria característica de constituição, por conseguinte, são apenas *formalmente constitucionais*. Por exemplo, o *sistema tributário*, regrado na constituição a partir do artigo 145, não é assunto *materialmente constitucional*. A referida temática poderia ser objeto de lei ordinária.

Divergem os estudiosos em denominar como direito natural esse núcleo da carta política consubstanciado nos *direitos fundamentais* do homem. Ultimamente, desde o iluminismo, a ciência do direito assumiu nítida feição positivista ou neopositivista e, portanto, a maioria dos especialistas não acolhe o *jusnaturalismo* ou, então, relega-o a patamar meramente histórico. Assim como assim, é induvidoso que certas normas constitucionais têm clarividente raiz no direito natural.

A) O rol de direito natural integrante da constituição brasileira

O constituinte brasileiro não *criou* diversos dos direitos arrolados entre os denominados pela doutrina como "direitos fundamentais da pessoa humana". Se se cuida de *direitos naturais*, criou-os Deus. Assim, na constituição consagram-se e tutelam--se os mencionados direitos. Ao Estado cabe apenas *reconhecer* e custodiar esses direitos que, por serem *naturais*, nascem com o ser humano, isto é, pertencem ao patrimônio inalienável do homem.

Na constituição brasileira vigente, os *direitos naturais* estão legiferados precipuamente no artigo 5º Limitamo-nos a transcrever, sublinhando no referido artigo, o que entendemos como direito de índole natural, sem reproduzir o texto concernente à garantia jurisdicional de tal direito.

"Art. 5º Todos são iguais perante a lei, sem distinção de qualquer natureza, garantindo-se aos brasileiros e aos estrangeiros residentes no País a inviolabilidade do direito à vida, à liberdade, à igualdade, à segurança e à propriedade, nos termos seguintes:

II - ninguém será obrigado a fazer ou deixar de fazer alguma coisa senão em virtude de lei;

III - ninguém será submetido a tortura nem a tratamento desumano ou degradante;

IV - é livre a manifestação do pensamento, sendo vedado o anonimato;

VI - é inviolável a liberdade de consciência e de crença, sendo assegurado o livre exercício dos cultos religiosos e garantida, na forma da lei, a proteção aos locais de culto e a suas liturgias;

IX - é livre a expressão da atividade intelectual, artística, científica e de comunicação, independentemente de censura ou licença;

X - são invioláveis a intimidade, a vida privada, a honra e a imagem das pessoas, assegurado o direito a indenização pelo dano material ou moral decorrente de sua violação;

XI - <u>a casa é asilo inviolável do indivíduo</u>, ninguém nela podendo penetrar sem consentimento do morador, salvo em caso de flagrante delito ou desastre, ou para prestar socorro, ou, durante o dia, por determinação judicial;

XII - <u>é inviolável o sigilo da correspondência e das comunicações telegráficas, de dados e das comunicações telefônicas</u>, salvo, no último caso, por ordem judicial, nas hipóteses e na forma que a lei estabelecer para fins de investigação criminal ou instrução processual penal;

XIII - <u>é livre o exercício de qualquer trabalho, ofício ou profissão</u>, atendidas as qualificações profissionais que a lei estabelecer;

XV - <u>é livre a locomoção no território nacional em tempo de paz, podendo qualquer pessoa, nos termos da lei, nele entrar, permanecer ou dele sair com seus bens</u>;

XVI - <u>todos podem reunir-se pacificamente</u>, sem armas, em locais abertos ao público, independentemente de autorização, desde que não frustrem outra reunião anteriormente convocada para o mesmo local, sendo apenas exigido prévio aviso à autoridade competente;

XVII - <u>é plena a liberdade de associação para fins lícitos</u>, vedada a de caráter paramilitar;

XVIII - <u>a criação de associações e, na forma da lei, a de cooperativas independem de autorização, sendo vedada a interferência estatal em seu funcionamento</u>;

XX - <u>ninguém poderá ser compelido a associar-se ou a permanecer associado</u>;

XXII - <u>é garantido o direito de propriedade</u>;

XXIII - <u>a propriedade atenderá a sua função social</u>;

XXVII - <u>aos autores pertence o direito exclusivo de utilização, publicação ou reprodução de suas obras, transmissível aos herdeiros pelo tempo que a lei fixar</u>;

XXX - <u>é garantido o direito de herança</u>;

XXXVI - a lei não prejudicará o direito adquirido, o ato jurídico perfeito e a coisa julgada;
XXXVII - não haverá juízo ou tribunal de exceção;
XLVII - não haverá penas:
a) de morte, salvo em caso de guerra declarada, nos termos do art. 84, XIX;
L - às presidiárias serão asseguradas condições para que possam permanecer com seus filhos durante o período de amamentação;
LIV - ninguém será privado da liberdade ou de seus bens sem o devido processo legal;
LXIII - o preso será informado de seus direitos, entre os quais o de permanecer calado, sendo-lhe assegurada a assistência da família e de advogado;
LXVIII - conceder-se-á *habeas corpus* sempre que alguém sofrer ou se achar ameaçado de sofrer violência ou coação em sua liberdade de locomoção, por ilegalidade ou abuso de poder;
LXXVIII - a todos, no âmbito judicial e administrativo, são assegurados a razoável duração do processo e os meios que garantam a celeridade de sua tramitação.
§1º As normas definidoras dos direitos e garantias fundamentais têm aplicação imediata".

10) Conteúdo da moral ou moralidade administrativa

Escrevemos acima e repetimos agora, a moral administrativa, no nosso entender, é ramo da moral comum, universal, já derivada do direito natural, conforme acabamos de estudar, já proveniente dos valores cristãos introjetados na sociedade e revelados na constituição, às vezes diretamente, às vezes indiretamente.

A) A fonte da moral administrativa

Quiçá por preconceito ou respeito humano, os doutrinadores que se debruçam sobre o tema da moral administrativa, como Hauriou, por exemplo, se esquivam do óbvio, vale dizer, de que a moral, seja ela comum ou administrativa, "aberta" ou "fechada", conforme famigerada classificação, promana de Deus, tem fonte na providência divina. Não existe moral civil. Toda moral é teonômica e heteronômica. Não se gesta a moral no interior da repartição pública, como industria a doutrina. A moral provém de fora! Os inúmeros episódios de corrupção espalhados pelo Brasil demonstram que o "interior da administração" não tem gestado a moralidade administrativa, muito pelo contrário. Desta feita, errôneo definir a moralidade administrativa como "o conjunto de regras de conduta tiradas da disciplina interior da administração".

B) O conteúdo do ato administrativo tem de ser moral

Não se jungirá a moral administrativa ao comportamento do agente público. É óbvio que se espera do agente público a ação honesta, leal e de boa-fé. Contudo, o mérito do ato administrativo, ou melhor dizendo, o conteúdo do ato administrativo também precisa ser moral, isto é, passar pela craveira da moral cristã, segundo os padrões da sociedade. Um exemplo talvez elucide o problema. Certa feita, um cartório do interior do estado de São Paulo lavrou certidão de casamento de dois homossexuais homens. Ora, este ato administrativo nos parece plenamente írrito, isto é, invalido, porquanto contrasta com os paradigmas morais encontradiços na constituição brasileira. Em outras palavras, tal ato cartorário decerto vulnera a moral administrativa, que está fundamentada na moral comum, objetiva e universal, industriada pelo cristianismo. O resultado jurídico almejado não se compatibiliza com o ordenamento constitucional e com a realidade física. Observe-se que a sentença do STF, a meu ver equivocada, sobre a qual expenderemos no capítulo VI deste livro, fala de "união civil" entre homossexuais, e não de casamento, instituto de direito natural (custodiado pela carta política), reservado a um homem e uma mulher, com fins geracionais, entre outros objetivos que caracterizam a aliança conjugal.[70]

C) Base cristã da moral administrativa

Quanto à base cristã de qualquer moral ou moralidade em vigor no Brasil, não há discussão. Se os brasileiros professassem majoritariamente a fé islâmica, as normas de moralidade, tirantes os princípios de direito natural, incrustados em qualquer consciência reta, seriam outras; traçariam caminhos distintos. Por conseguinte, afirmamos que nossa moral administrativa ou moralidade administrativa – termos sinônimos – é de matriz cristã. Seu conteúdo não pode ser outro que não os valores cristãos que se acham protegidos na carta política. O Estado é laico, não laicista, e a sociedade é cristã. O grande Rui Barbosa no-lo advertia magistralmente:

> "(...) se a república veio organizar o Brasil, e não esmagá-lo, a fórmula da liberdade constitucional na república necessariamente há de ser uma fórmula cristã. Como aos americanos, pois, nos assiste a nós o 'jus' de considerar o princípio cristão, como elemento essencial e fundamental do direito brasileiro".[71]

---

[70] No nosso sentir, eventual mudança na constituição, introduzindo o "casamento entre homossexuais", seria norma formalmente constitucional, mas materialmente inconstitucional (norma constitucional inconstitucional), porque se vulneraria a moral comum e, por conseguinte, a moral administrativa.
[71] Cifuentes, Rafael Llano. *Curso de Direito Canônico*, p. 184. Saraiva, São Paulo, 1971.

D) O princípio da moralidade administrativa difere do princípio da legalidade

Incorreto, portanto, asseverar que o princípio da moralidade administrativa é parte integrante do princípio da legalidade. Trata-se de dois princípios diferentes. Ambos têm de ser respeitados pelo agente público. Se se cuidasse de mero desdobramento do princípio da legalidade, ou elemento deste, o constituinte não teria dado a ênfase que deu ao princípio da moralidade, colocando o mencionado princípio em destaque, ao lado de outros princípios igualmente relevantes para a república. Querer extrair da lei propriamente dita os ditames da moral administrativa denota exacerbada visão positivista do direito, visão essa que renega a justiça como componente inextirpável do direito posto. Afinal de contas, a ideia de justo é ideia moral.[72] O lugar comum "Estado laico", tão blasonado a esmo, no fundo, quer dizer "Estado laicista", uma vez que não se admite o óbvio: qualquer moral sempre tem fundo religioso; no Brasil, fundo cristão. Repetimos: não existe ética ou moral civil! Bem observou um estudioso do assunto, escrevendo que a moralidade administrativa coexiste com a legalidade, "não sendo mero apêndice desta".

Sabe-se que boa parcela da doutrina que examina o direito administrativo concebe a moralidade administrativa como a lealdade, a honestidade e a boa-fé no trato da coisa pública. Pois bem. Lealdade, honestidade e boa-fé são elementos da moral católico-cristã. Onde se haurirá a definição do que seja honestidade, se não nos ensinamentos de Jesus, transmitidos há dois mil anos pela Igreja católica? Se o agente público, ao praticar o ato administrativo *lato sensu* (pense-se, também, na sentença prolatada por um juiz, por exemplo), necessita conformar sua

---

[72] Ripert, Georges. *A regra moral nas obrigações civis*, p. 27, Campinas, Bookseller, 2000.

conduta, bem como o teor do ato àquilo que é eticamente certo e não errado, àquilo que é um bem, não um mal, donde sacará os critérios para observar a moralidade administrativa, como determina o artigo 37 da constituição federal? Respondemos que primeiramente da própria constituição, haja vista os bens morais nela albergados e, segundamente, da moral cristã que permeia o contexto social. Na verdade, consoante a perspicaz observação de Gilberto Freire, "é muito difícil separar o brasileiro do católico, o catolicismo foi realmente o cimento de nossa unidade".[73]

E) Aplicação concreta do princípio da moralidade administrativa

O princípio da moralidade administrativa que, como dissemos, difere do princípio da legalidade, não sendo parte integrante deste, embasa-se na moral cristã comum e no direito natural, malgrado os doutrinadores e operadores do direito, *grosso modo*, resistam a esta constatação, asserindo haver certa moral jurídica (moral fechada). Todavia, ao aplicar o princípio da moralidade administrativa ao caso concreto, notamos, por exemplo, em voto do ministro Peluso, então presidente do STF, ótima análise do mecanismo de efetivação do princípio da moralidade administrativa. Em artigo da lavra de Lúcio Rafael de Araújo Santos, que examina a abordagem do princípio da moralidade administrativa na jurisprudência, alude-se ao posicionamento do dr. Peluso:

> "Para ele [ministro Peluso], a fonte de tal princípio constitucional é inspirada em valores humanos, retirados do direito natural ou do patrimônio ético e moral

---

[73] Freire, Gilberto. *Casa Grande e Senzala*, p. 661. São Paulo, 1946.

consagrado pelo senso comum da sociedade. Então, conclui Lúcio Rafael, não se pode negar que existe uma comunicação, uma interrelação entre o mundo jurídico normativo e o mundo normativo não jurídico, onde estão inseridos os valores éticos e morais".[74]

Em outras palavras, na aplicação pontual do princípio da moral administrativa, é mister levar em conta os ditames da moral cristã comum, os quais alumiam os conceitos de honestidade, lealdade, boa-fé etc., bastas vezes contrastantes com a prática no interior da administração pública, nem sempre em decorrência da perpetração de atos ilícitos, mas em virtude de ações, digamos, não tão esmaltadas pela moral administrativa. No mínimo, conforme frisa Peluso, a moral societária oferta os paradigmas da moral administrativa, ramo da moral comum. E todos esses elementos paradigmáticos – reiteramos – materializam-se na carta da república.

A ementa do Recurso Especial 405386/RJ, de relatoria da ministra Ellen Gracie, explicita o cerne da moral administrativa:

> "A moralidade, como princípio da administração pública (art. 37) e como requisito de validade dos atos administrativos (artigo 5º, LXXIII), tem a sua fonte por excelência no sistema de direito, sobretudo no ordenamento jurídico-constitucional, <u>sendo certo que os valores humanos que inspiram e subjazem a esse ordenamento constituem, em muitos casos, a concretização normativa de valores retirados da pauta dos direitos naturais ou do patrimônio ético ou moral e moral consagrado pelo senso comum da sociedade</u>" (grifos nossos).

---

[74] Santos, Lúcio Rafael Araújo. *Princípio da Moralidade Administrativa*. Artigo publicado no site direitonet.com

IV – DIREITO NATURAL E MORALIDADE ADMINISTRATIVA

Deveras, um ato administrativo, em sentido lato, pode, intrinsicamente, encontrar-se em conformidade com a lei, mas revestir-se de caracteres externos que destoam da moral administrativa, é dizer, dos ditames de justiça, dignidade, honestidade, lealdade e boa-fé, só aferíveis ao lume da moral cristã. A diferença entre a moral administrativa e a moral comum é que naquela o operador do direito tem de observar determinados valores específicos à natureza da atividade da administração pública. Nesta esteira, acompanha-nos Manoel de Oliveira F. Sobrinho, ao ensinar que "estará fora da moral comum social aquele ato administrativo que na sua eficácia infringe a motivação, escapa da finalidade e não se apoia na exação". Não sucede, pois, dicotomia entre a moral cristã comum e a moral ou moralidade administrativa.

Para finalizar este capítulo, é-nos lícito traçar um paralelo entre a moral administrativa e a noção de bons costumes do código civil em vigor.[75] A ideia de que os bons costumes correspondem "(...) ao processo de filtração do direito natural, que se desvela em forma de exigências, da boa-fé, da equidade, da reta razão, do chamado espírito de justiça e sentimentos morais",[76] *mutatis mudandis*, se coaduna perfeitamente com o conceito de moral administrativa, cuja fonte imediata é a constituição da república e a fonte mediata a moral cristã. "A juridicidade, assim, já não se reduz à *legalidade*, mas só se realiza plenamente com a *legitimidade* e a *licitude*, fato esse que pode ser claramente observado na ordem constitucional inaugurada em 1988 no Brasil, que adota os três referenciais em inúmeros dispositivos".[77]

---

[75] Artigos 13, 122, 187 e 1.638, III.
[76] Enciclopédia Saraiva do Direito, verbete "Bons Costumes", p. 129. São Paulo, 1978.
[77] Diogo de Figueiredo M. Neto, *Moralidade Administrativa: do conceito à efetivação*, in Revista de Direito Administrativo, n. 190, p. 2, Rio de Janeiro, Fundação Getúlio Vargas, 1991.

Excurso: "Onde o ateu encontra a luz do bem?", excertos da pergunta do cardeal Martini dirigida a Umberto Eco (do livro Em que creem os que não creem?)

Caro Eco,
eis-me com a pergunta que tinha em mente fazer-lhe já na última carta (...) refere-se ao fundamento último da ética para um descrente no quadro pós-moderno. Ou seja, concretamente: em que se baseia a certeza e imperatividade de seu agir moral que não pretende fazer apelo, para fundar o absolutismo de sua ética, a princípios *metafísicos* ou, de qualquer modo, a valores transcendentes e nem sequer a *imperativos categóricos* universalmente válidos? Em palavras mais simples (...) que razões dão para seu agir os que pretendem afirmar e professar princípios morais que podem exigir o sacrifício da vida, mas não aceitam Deus? Ou ainda: como posso chegar, prescindindo do apelo do absoluto, a dizer que não devo realizar certas ações de modo algum, a preço nenhum, e que outras, no entanto, devem ser realizadas custe o que custar? Certo, existem leis, mas, por que podem obrigar, mesmo ao preço da própria vida?
É sobre estas e outras interrogações semelhantes que gostaria de discutir com o senhor.
(...) Estou convencido (...) de que existem não poucas pessoas que agem com retidão, pelos menos nas circunstâncias ordinárias da vida, sem fazer referência a um fundamento religioso da vida humana. Sei igualmente que existem pessoas que, mesmo sem acreditar em Deus, chegaram a dar a própria vida para não se desviarem de suas convicções morais. Mas não consigo compreender que justificativa última dão para seu agir.
(...) para que a fundamentação destes valores [reporta-se à ética civil] não sofra confusão ou incerteza, sobretudo nos

casos-limites, e não seja compreendida simplesmente como costume, convenção, uso, comportamento funcional ou útil ou necessidade social, mas assuma o valor de absoluto moral propriamente dito, é necessária fundamentação que não esteja ligada a nenhum princípio mutável ou negociável.

(...) Ao interrogar sobre a insuficiência da fundamentação [da moral] puramente humanista, não gostaria de perturbar a consciência de ninguém, mas apenas tentar compreender que coisa acontece por dentro, no nível das razões de fundo, também para que possa promover uma colaboração mais intensa sobre temas éticos entre crentes e não crentes.

(...) Efetivamente, a religião pode fundamentar de maneira inequívoca porque a moral, as normas e os valores éticos devem vincular incondicionalmente (e não apenas quando é cômodo) e, portanto, universalmente (para todas as linhagens, classes e raças). (...) Tornou-se claro que somente o incondicionado pode obrigar de maneira absoluta, somente o absoluto pode vincular de maneira absoluta (Hans Küng).

(...) Mas eu me pergunto justamente se a leitura ateia, que não tem essa justificativa de fundo [Deus], tem força de convicção ineludível e pode sustentar, por exemplo, o perdão aos inimigos. De fato, parece-me que sem o exemplo de Jesus Cristo, que da cruz perdoou seus crucificadores, mesmo as tradições religiosas se encontrariam em dificuldade sobre este último ponto. O que dizer, então, da ética civil?

(...) Mas, quem não faz referência a estes [os princípios da religião cristã] ou a princípios análogos, onde encontra a luz e a força para operar o bem não apenas em circunstâncias fáceis, mas também naquelas que colocam as forças humanas diante da morte? Por que o altruísmo, a sinceridade, o respeito pelos outros, o perdão dos inimigos são sempre um bem e devem ser preferidos, mesmo ao preço da vida, a comportamentos contrários? E como fazer para decidir, nos casos concretos, o que é altruísmo e o que não é? E se não há justificativa última e sempre válida para tais comportamentos, como é praticamente possível que estes sejam sempre prevalentes, que sejam sempre vencedores? Se mesmo os que dispõem de argumentos fortes para o comportamento ético têm dificuldade para agir consoante estes mesmos argumentos, o que dizer dos que só dispõem de argumentos fracos, incertos e vacilantes?

Tenho dificuldade para enxergar como uma existência inspirada nestes princípios (altruísmo, sinceridade, justiça, solidariedade, perdão) pode sustentar-se a longo prazo e em qualquer circunstância se o valor absoluto da norma moral não estiver fundado em princípios *metafísicos* ou, dito de outra maneira, em Deus.

V
ENSINO RELIGIOSO

Constituição federal:
Artigo 210. São fixados conteúdos mínimos para o ensino fundamental, de maneira a assegurar formação básica comum e respeito aos valores culturais e artísticos, nacionais e regionais.

§ 1º O ensino religioso, de matrícula facultativa, constituirá disciplina dos horários normais das escolas públicas de ensino fundamental.

A constituição enaltece o ensino religioso. De fato, encontramo-nos diante de norma materialmente constitucional. Amiúde costuma-se afirmar que o conteúdo próprio da constituição se restringe à salvaguarda dos direitos individuais e à divisão dos poderes (legislativo, executivo e judiciário). Entretanto, se levarmos em consideração o preâmbulo da atual carta política, verificaremos que os legisladores invocaram Deus e, conseguintemente, ao menos do ponto de vista formal, certo espírito religioso permeou as atividades do poder constituinte originário.

Além do aspecto referido no parágrafo anterior, é fato notório a religiosidade do povo brasileiro, composto maciçamente por cristãos (católicos e evangélicos). Assim, o legislador supremo não olvidaria esse dado importante da cultura nacional. Explica Jorge Otaduy:

"A cultura religiosa que se aspira transmitir por meio deste particular ensino não constitui, sem embargo, uma parcela independente ou insulada, mas integrada no conjunto dos outros conhecimentos, aberta à relação e ao diálogo com todas as ciências. O ensino religioso escolar deve ser um instrumento de ajuda para se compreender o mundo e para entender-se o homem a si mesmo".[78]

O Estado laico não opta por determinada religião, porém tutela o direito dos crentes de professarem a religião que quiserem, conquanto não se profliguem a moralidade pública e a paz social. Com efeito, há limites. Acerca deste assunto, alumia-nos sobremaneira a declaração *Dignitatis Humanae*, do Concílio Vaticano II:

"O direito à liberdade em assunto religioso se exerce na sociedade humana. Por isso, seu uso está sujeito a certas normas moderadoras. No uso de todas as liberdades, há de salvaguardar-se o princípio moral da responsabilidade pessoal e social: no exercício dos seus direitos, o homem, individualmente, e os grupos sociais estão obrigados por lei moral a levar em conta tanto os direitos dos outros quanto seus deveres para os outros, quanto, ainda, o bem comum de todos. Com todos deve-se proceder segundo a justiça e a humanidade" (n. 7)

Assim, por óbvio, a autoridade estatal possui o dever de intervir toda vez que se verificar o abuso no exercício do direito à liberdade religiosa. Com efeito, dão-se a cotio certas atitudes pseudorreligiosas, as quais não raramente se subsomem a

---

[78] Otaduy, Jorge. *Diccionario General de Derecho Canónico* (orgs.: Javier Otaduy, Antonio Viana e Joaquim Sedano). Volume III, Universidade de Navarra, Navarra, 2012, p. 613.

tipos penais, como, por exemplo, o charlatanismo, perpetrado por quem vê na religião apenas "capital simbólico", suscetível de vultoso lucro financeiro. Deveras, estas degenerescências tornam ainda mais premente a implementação do currículo religioso em todas as escolas públicas brasileiras. Neste sentido, também se pronuncia o Concílio Vaticano II:

> "Aos pais, porém, lembra a grave tarefa, que é a sua, de tudo disporem e mesmo exigirem que seus filhos possam valer-se daquela assistência e desenvolver a formação cristã em harmonioso progresso com a profana. Enaltece, por isso, a Igreja aquelas autoridades e sociedades civis que, em vista do pluralismo da sociedade hodierna e com o fim de cuidarem da devida liberdade religiosa, ajudam as famílias para que a educação dos filhos possa transmitir-se em todas as escolas segundo os princípios morais e religiosos das famílias".[79]

O ensino religioso, contudo, cumpre, na sociedade, papel extremamente relevante. Afirmou o papa São João Paulo II que "(...) o verdadeiro significado da existência é ultraterreno e que as realidades mundanas e corpóreas adquirem autêntico valor somente na perspectiva da eternidade".[80]

Eis o que reza a Declaração Universal dos Direitos Humanos, da ONU, a respeito do tema deste capítulo:

> "Artigo 26.
> I) Todo o homem tem direito à instrução. A instrução será gratuita, pelo menos nos graus elementares e fundamentais. A instrução elementar será obrigatória. A instrução técnico-profissional será acessível a todos,

---
[79] Declaração *Gravissimum Educationis*, n. 7b.
[80] São João Paulo II. *Insegnamenti di Giovanni Paolo II*, Libreria Editrice Vaticana, Vaticano, 1987, p. 216.

bem como a instrução superior, esta baseada no mérito.
II) A instrução será orientada no sentido do pleno desenvolvimento da personalidade humana e do fortalecimento do respeito pelos direitos do homem e pelas liberdades fundamentais. A instrução promoverá a compreensão, a tolerância e amizade entre todas as nações e grupos raciais ou religiosos, e coadjuvará as atividades das Nações Unidas em prol da manutenção da paz.
III) Os pais têm prioridade de direito na escolha do gênero de instrução que será ministrada a seus filhos" (grifos nossos).

Ora, só o ensino religioso tem o condão de fortalecer esse clima de amizade e entendimento entre as raças e os crentes das variegadas confissões. No Brasil, majoritariamente cristão (90%), as doutrinas hauridas das inúmeras denominações forjarão a sociedade baseada no diálogo e na mútua compreensão, porquanto esses valores se alojam no cerne do cristianismo.

As constituições pretéritas igualmente disciplinaram a temática em apreço. José Cretella Júnior historia o regramento do ensino religioso:

> "Os textos constitucionais falam por si mesmos. Em primeiro lugar, a tolerância religiosa no Brasil. Respeito às crenças e às religiões. Nas escolas privadas, mesmo no império, o ensino religioso é livre, se bem que a colocação da coroa fosse para a Igreja católica. A escola laica é implantada em 1891. E, assim, nas escolas públicas, nenhuma religião é ensinada. Em 1934, o ensino religioso ultrapassou o âmbito do ensino fundamental e, nas escolas públicas, atingirá as do grau secundário, profissional e normal. Em 1937, também, mas os pro-

fessores não são obrigados a esse ensino e nem os alunos são compelidos à frequência, livre esta a ambos. A constituição de 1946 alude a escolas oficiais, mas não fala do grau de ensino, ressalvando, porém, a liberdade de culto, que será ministrado conforme a confissão religiosa do educando. As cartas políticas de 1967 e 1969 aludem, de modo claro, às escolas oficiais de grau primário e médio, mas de matrícula facultativa, inserida nos horários normais de aulas do currículo. Em 1988, de matrícula facultativa, o ensino religioso constitui disciplina dos horários normais das escolas públicas apenas no ensino fundamental".[81]

1) A cabeça (*caput*) do artigo 210

É em congruência com a cabeça do artigo que temos de proceder à inteligência do parágrafo 1º. Se comparássemos com a criação (natureza), as cabeças dos artigos jurídicos são os troncos das árvores; os parágrafos, incisos etc. são os esgalhos. Eliminado o tronco, a árvore ruirá.

O ensino religioso do parágrafo 1º se encontra diretamente relacionado aos valores culturais e artísticos, isto é, por meio do ensino religioso, o constituinte quis inculcar os referidos valores. Demais, religião, cultura e arte sempre estiveram de mãos dadas. A religião se materializa nas diferentes culturas e se comunica sobremaneira mediante a arte. A propósito, a arte sacra ou religiosa é uma das mais apuradas e requintadas.

Célio Borja exibe entendimento diverso. Para esse jurista, o disposto na cabeça do artigo 210 não pode ser estendido

---

[81] Cretella Jr., José. *Comentários à Constituição de 1988*. Volume VIII. Forense Universitária, Rio de Janeiro, 1993, p. 4420 e 4421.

como requisito ao ensino religioso, pois os mencionados valores (cultura e arte) "(...) não se confundem com a religião, nem conceptual nem juridicamente".[82] Consoante a avaliação de Borja, tais valores são imanentes por definição filosófica e constitucional.[83] Tal ponto de vista não é exato, porque a religião é, ao mesmo tempo, transcendente e imanente. A Santíssima Trindade é imanente nas processões das três Pessoas e transcendente na revelação divina. Na encarnação do Verbo, Jesus tornou-se imanente na história. A religião cristã se incultura e aproveita o que é bom em cada sociedade.

Na verdade, a mais acurada interpretação dos textos das leis é a que se denomina de "interpretação sistemática". Não nos é lícito insular os dispositivos da constituição, como se não tivessem relação uns com os outros ou com alguns princípios fundamentais que norteiam o conjunto da carta política ou determinados setores dela. Roque Carrazza cunhou a seguinte definição de princípio jurídico:

> "Segundo nos parece, princípio jurídico é um enunciado lógico, implícito ou explícito, que, por sua grande generalidade, ocupa posição de preeminência nos vastos quadrantes do direito e, por isso, vincula de modo inexorável, o entendimento e a aplicação das normas jurídicas que com ele se conectam".[84]

Roque Carrazza, nas trilhas de Carlos Ayres Britto, abona a interpretação sistemática:

---

[82] Borja, Célio. *Acordo Brasil – Santa Sé Comentado* (orgs.: Lorenzo Baldisseri e Ives Gandra M. Filho). Editora LTR, São Paulo, 2012, p. 310.
[83] *Ibidem*.
[84] Carrazza, Roque. *Curso de Direito Constitucional Tributário*, editora Revista dos Tribunais, São Paulo, 1991, p. 25 e 26.

"Daí este publicista [Britto] preconizar o emprego preferencial do método exegético que há nome *sistemático*, com o que o intérprete é conduzido aos patamares dos princípios jurídicos constitucionais, que, mais do que simples regras de comando, 'são ideias matrizes dessas regras singulares, vetores de todo conjunto mandamental, fontes de inspiração de cada modelo deôntico, de sorte a operar como verdadeiro critério do mais íntimo significado do sistema como um todo e de cada qual de suas partes'".[85]

2) O ensino religioso: um dos antídotos contra a violência

No Brasil, e particularmente em alguns estados, a violência recrudesce de forma avassaladora. Na monumental encíclica *Evangelium Vitae*, o papa São Paulo VI, após esconjurar a "cultura de morte" impregnada na sociedade, propunha a "virada cultural". Eis as palavras do sumo pontífice, tão atuais:

"O primeiro e fundamental passo para realizar esta virada cultural consiste na formação da consciência moral acerca do valor incomensurável e inviolável de cada vida humana" (n. 96).

Parece claro que Deus foi alijado do convívio social. Se na rua indagarmos qualquer indivíduo a respeito da crença em Deus, é bem provável que a reposta seja afirmativa. Os casos de ateísmo teórico decerto correspondem a número diminuto. No entanto, penetrou certo ateísmo prático na sociedade contemporânea. Os valores religiosos, máxime a ideia da criação do homem à imagem

---

[85] Carazza, Roque. *Curso de Direito Constitucional Tributário*, editora Revista dos Tribunais, São Paulo, 1991, p. 29.

e semelhança de Deus, não contam mais na hora de se tomar a decisão interpessoal. Daí o quadro de terror da atualidade! Deveras, conforme escreveu Fiódor Dostoiévski, no livro "Irmãos Karamázov", "se Deus não existe, tudo é permitido": matar por qualquer motivo, chacinar, roubar, estuprar, ameaçar, corromper etc.

Não há dúvidas de que a injustiça social é uma das causas precípuas da imane violência nas cidades brasileiras. Entretanto, o ensino religioso nas escolas públicas contribuirá efetivamente como um dos antídotos contra o caos urbano. Predicava o saudoso cardeal dom Eugênio Salles que as aulas de religião comunicam valores, lapidam o caráter do adolescente, forjam manticostumes em prol da dignidade da pessoa humana. Enfim, o ensino religioso, a médio e longo prazos, representa adminículo portentoso na construção de um Brasil justo, fraterno e pacífico, porque coloca Deus novamente em cena. Quantos jovens assaltantes, empunhando revólveres, jamais rezaram um Pai-Nosso, já porque em casa nunca se orou, já porque na escola se evita adrede qualquer espécie de comportamento religioso.

Nesta mesma toada, demonstrando como o ensino religioso se coloca como elemento singular na mantença da higidez social, assim se expressava o eminente jesuíta, pe. Leonel Franca, SJ:

> "A estrutura externa da sociedade não se conserva sem o valor moral dos que a compõem. Vida moral é vida de sacrifício, de abnegação, de fidelidade incondicional aos imperativos da consciência. Não há formar seriamente as consciências, não há persuadir-lhes com eficácia o sacrifício sem descer às profundezas das almas, e falar-lhes destas grandes realidades espirituais que constituem a essência da religião".[86]

---
[86] Franca, Leonel. *Polêmicas*, editora Agir, Rio de Janeiro, 1953, p. 28 e 29.

V - ENSINO RELIGIOSO

Cenário caliginoso se descortinou na Europa dos anos 1950, exatamente em virtude da ablação do ensino religioso das escolas públicas. Leia-se o comentário abaixo, de um juiz de Paris, referido pelo pe. Leonel Franca, SJ. Quão atuais as palavras do magistrado!

> "Há uma dezena de anos os crimes cometidos pelos jovens multiplicaram-se numa proporção assustadora. As estatísticas mostram que o número de delinquentes de menos de vinte anos quadriplicou (...) A nenhum homem sincero, quaisquer que sejam as suas opiniões, pode escapar que este aumento espantoso de criminalidade juvenil coincidiu com as modificações introduzidas na organização do ensino público. Para as consciências dos que julgaram encontrar um progresso nesses novos caminhos deve ser uma preocupação grave este espetáculo da jovem geração que se distingue pela sua perversidade brutal".[87]

3) Diferentes metodologias

Há, pelo menos, dois métodos de se lecionar o ensino religioso. O primeiro deles consiste em o professor discorrer acerca dos valores universais presumivelmente encontradiços em todos os credos. Assim, fala-se sobre a liberdade, a justiça, a fraternidade, o amor, o culto, sempre na perspectiva extraída das diversas religiões. Neste método eclético, também, costuma-se explanar cada uma das principais fés. Em uma aula disserta-se a respeito do cristianismo; noutra, enfoca-se o judaísmo; noutra, o islamismo e assim por diante, a fim de dar ao aluno a visão geral.

---

[87] Franca, Leonel. *Polêmicas*, editora Agir, Rio de Janeiro, 1953, p. 30.

Já no segundo método, opta-se pelo ensinamento confessional, vale dizer, o professor passa a doutrina de religião específica. Desta feita, os alunos católicos terão aulas de catolicismo, os protestantes, de protestantismo, os judeus, de judaísmo etc. De fato, reza o acordo Brasil – Santa Sé:

> "Artigo 11. A República Federativa do Brasil, em observância ao direito de liberdade religiosa, da diversidade cultural e da pluralidade confessional do país, respeita a importância do ensino religioso em vista da formação integral da pessoa.
> Parágrafo primeiro. O ensino religioso, católico e de outras confissões religiosas, de matrícula facultativa, constitui disciplina dos horários normais das escolas públicas de ensino fundamental, assegurado o respeito à diversidade cultural religiosa do Brasil, em conformidade com a constituição e as outras leis vigentes, sem qualquer forma de discriminação".

Comentando esse artigo do pacto diplomático celebrado entre o Brasil e a Igreja católica (Santa Sé), assim se expressou dom Lorenzo Baldisseri:

> "O ensino religioso não deve ser entendido como alusivo a uma 'religião genérica', aconfessional, indefinida, já que tal 'religião' não existe. Seria pura abstração mental, sem correspondência na realidade da vida e da sociedade humana. Ninguém, portanto, teria condições de ministrá-la, a não ser quem quisesse ensinar suas próprias e subjetivas opiniões".[88]

---

[88] Baldisseri, Lorenzo. *Diplomacia Pontifícia. Acordo Brasil-Santa Sé. Intervenções.* LTR, São Paulo, 2011, p. 112.

Conclui o jurisperito:

"Cada fiel tem, no Brasil, o direito constitucional de receber, se quiser, a educação religiosa conforme a sua fé, nos termos fixados pela lei e no respeito da liberdade religiosa e de consciência. Esta é a verdadeira e autêntica laicidade. **Um ensino genérico, apenas indefinidamente 'religioso', não atingiria esta meta e, principalmente, não cumpriria os ditames da constituição**".[89]

A Lei de Diretrizes e Bases da Educação Nacional (LDB; Lei n. 9.394/96) regula o dispositivo do artigo 210 da constituição da república. Assim está redigido o artigo 33 da LDB:

"Artigo 33. O ensino religioso, de matrícula facultativa, é parte integrante da formação básica do cidadão e constitui disciplina dos horários normais das escolas públicas de ensino fundamental, assegurado o respeito à diversidade cultural religiosa do Brasil, vedadas quaisquer formas de proselitismo.
§1º Os sistemas de ensino regulamentarão os procedimentos para a definição dos conteúdos do ensino religioso e estabelecerão as normas para a habilitação e admissão dos professores;
§2º Os sistemas de ensino ouvirão a entidade civil, constituída pelas diferentes denominações religiosas, para a definição dos conteúdos do ensino religioso".

A redação atual do artigo 33 da LDB provém de mudança levada a efeito em 1997, um ano após a entrada em vigor da mencionada lei, cujo artigo 33, originalmente, se encontrava escrito da seguinte forma:

---

[89] Baldisseri, Lorenzo. *Diplomacia Pontifícia. Acordo Brasil-Santa Sé*. Intervenções. LTR, São Paulo, 2011, p. 113, grifos nossos.

"Artigo 33. O ensino religioso, de matrícula facultativa, constitui disciplina dos horários normais das escolas públicas de ensino fundamental, sendo oferecido, sem ônus para os cofres públicos, de acordo com as preferências manifestadas pelos alunos ou por seus responsáveis, em caráter: I- confessional, de acordo com a opção religiosa do aluno ou do seu responsável, ministrado por professores ou orientadores religiosos preparados e credenciados pelas respectivas igrejas ou entidades religiosas; ou II- interconfessional, resultante de acordo entre as diversas entidades religiosas, que se responsabilizarão pela elaboração do respectivo programa".

A Lei de Diretrizes e Bases da Educação Nacional (LDB) já havia assumido clarividentemente o caráter confessional do ensino religioso, em perfeita congruência com a *mens legis* da constituição da república. Assim, o antigo artigo 33 empregava termos como "confessional" e "interconfessional". Parece que a mudança realizada em 1997 objetivou esvaziar o ensino religioso do propósito que o constituinte quis lhe atribuir, ou seja, a disciplina que leciona determinada religião histórica, conforme as demandas dos alunos e pais. A avença diplomática bilateral Acordo Brasil -Santa Sé (Decreto n. 7.107/2010), no fundo, apenas pôs as coisas novamente em ordem, restabelecendo o desiderato do constituinte que, consoante o voto da ministra do STF, Carmen Lúcia, na ação sobre a qual discorreremos logo abaixo, não podia querer ensino religioso que não fosse confessional, já que noções genéricas de história das religiões e de filosofia das religiões são comumente ministradas nas aulas de história e filosofia.

A única vantagem da nova redação do artigo 33 da LDB, atualmente em vigor, consistiu em extirpar a locução "sem ônus para os cofres públicos". De fato, cabe ao Estado arcar com as despesas referentes à ministração do ensino religioso, pois esta disciplina não é de somenos relevância ou de segunda categoria. O ensino religioso é tão importante quanto as outras matérias lecionadas no ciclo fundamental. Talvez até mais importante do que tais matérias, haja vista a menção do ensino religioso na *charta magna*. Acerca do custeio do ensino religioso, indiretamente assumido pelo Estado na redação atual do artigo 33, Carlos da Fonseca Brandão narra a seguinte história:

> "Pressionado por líderes religiosos, especialmente os ligados à Igreja católica, institucionalmente representados pela Conferência Nacional dos Bispos do Brasil (CNBB), nos primeiros meses de 1997, o presidente Fernando Henrique Cardoso pediu a um dos deputados da base parlamentar governista que elaborasse um projeto de lei, a ser apreciado pelo Congresso Nacional, cuja intenção fosse única e exclusivamente, retirar a expressão 'sem ônus para os cofres públicos' que então constava do artigo 33 da LDB".[90]

Como diriam os italianos, *si non é vero, é ben trovato*. Sem embargo, os deputados que reescreveram a cabeça do artigo 33 não se limitaram a retirar a expressão "sem ônus para os cofres públicos", como afirma Brandão. Foram muito mais longe, ao modificarem o escopo da lei, que prescrevia o ensino religioso confessional. A mudança ocorrida em 1997, lamentavelmente, subtraiu os vocábulos "confessional" e "interconfessional" e, assim, maculou a alma da lei e burlou o desiderato do constituinte de 1988, ora resgatado pelo Acordo Brasil-Santa Sé (Decreto n. 7.107/2010).

---

[90] Brandão, Carlos da Fonseca. *LDB passo a passo*. Avercamp Editora, São Paulo, 2003, p. 90.

A cabeça do artigo 33 da LDB veda o proselitismo. Com efeito, encara-se, aqui, o proselitismo em sentido negativo, como o intento de inculcar certa religião em quem professa outro credo. Mas, o proselitismo, em si, não é comportamento ruim. O proselitismo implica o conjunto de esforços tendentes à evangelização. Infelizmente, a palavra acabou ganhando acepção pejorativa, que não corresponde à real significação denotativa do termo.

As aulas de ensino religioso – e por que não dizer "aulas de religião"? – têm de ser ministradas nos horários normais, conforme está claro na mesma cabeça do artigo 33. Isso denota o respeito pela disciplina, sendo que lecioná-la noutro horário, como, por exemplo, aos sábados, comprometeria a participação dos estudantes, uma vez que a assistência às aulas de religião é facultativa.

O conteúdo das aulas de religião ou ensino religioso estará a cargo de entidade civil, constituída pelas diferentes denominações religiosas (artigo 33, §2º da LDB). Em princípio, por questões práticas, devemos pensar em entidade que represente a religião cristã, porquanto mais ou menos noventa por cento dos brasileiros professam o cristianismo: católicos e protestantes de variegadas ramificações (luteranos, calvinistas, batistas, presbiterianos etc.). A entidade civil representativa dos cristãos é o Conic, Conselho Nacional de Igrejas Cristãs do Brasil. Note-se, contudo, que o Decreto 7.107/2010 (Acordo Brasil-Santa Sé) frisa o caráter confessional das aulas de religião, ao qualificar o ensino religioso como católico ou de outras confissões (artigo 11, §1º). Não se trata de ensino "interconfessional", previsto no antigo artigo 33 da LDB, ou seja, de elementos comuns ao catolicismo e às outras denominações cristãs, vale dizer, ensino religioso ecumênico. Esta interpretação, aliás, restou claríssima depois do julgamento no Supremo Tribunal Federal. De fato, apodava-se o Acordo Brasil-Santa Sé de inconstitucional, em virtude de este pacto diplomático enfatizar a natureza confessional das aulas. O atual artigo 33 da LDB não é tão claro a este respeito. Porém, o Acordo Brasil-Santa Sé (Decreto 7.107/2010), que também é lei (ou seja, tem força de lei), e posterior à LDB,[91] acentua a confessionalidade do ensino religioso (por exemplo: catolicismo para os alunos católicos e protestantismo para os alunos protestantes). A consulta à entidade civil, conforme determina a LDB, não significa a elaboração de "aulas ecumênicas, interconfessionais ou inter-religiosas"; significa, apenas, a conveniência de que a sociedade, representada por alguma entidade civil, opine na definição dos conteúdos, a fim de que se evitem fanatismos e quaisquer degenerescências religiosas, como, por exemplo, o uso da religião a favor de movimentos políticos (instrumentalização do sentimento religioso).

A postura haurida do acordo Brasil-Santa Sé se coaduna com o ditame do direito canônico.[92] Vejamos a tradução do cânon 761 do código canônico:[93]

> "Os diversos meios à disposição sejam utilizados para anunciar a doutrina cristã, principalmente a pregação e a instrução catequética, que conservam sempre o primeiro lugar; empregue-se, ainda, a exposição doutrinal

---

[91] "Artigo 2º Não se destinando à vigência temporária, a lei terá vigor até que outra a modifique ou revogue.
§1º A lei posterior revoga a anterior quando expressamente o declare, quando seja com ela incompatível ou quando regule inteiramente a matéria de que tratava a lei anterior" (Lei de Introdução às Normas do Direito Brasileiro; Lei n. 12.376/2010).
[92] "O direito canônico é o conjunto das normas gerais e positivas que regulam a vida no grêmio da Igreja católica" (Sampel, Edson Luiz. *Introdução ao Direito Canônico*, LTR, São Paulo, 2001, p. 15).
[93] *Codex Iuris Canonici* (Código de Direito Canônico).

nas escolas, academias, conferências reuniões de todo gênero, bem como sua difusão mediante declarações públicas feitas pela legítima autoridade, por ocasião de certos acontecimentos, através da imprensa e demais meios de comunicação social".[94]

Profere Célio Borja a seguinte ensinança:

"O tratado com a Santa Sé não viola a neutralidade do Estado em face de todas as religiões, pois estende a todas elas o mesmo direito ao ensino confessional e a decidir quanto ao conteúdo de suas lições. Esse ato internacional tampouco derroga a organização política do Estado brasileiro – nem poderia – descentralizada e dual, uma vez que não retira às unidades políticas federadas a competência concorrente e complementar de legislar sobre os seus sistemas de ensino fundamental; mas é certo que elas devem respeitar a substância das estipulações do tratado, as quais, no presente caso, não inovam as disposições constitucionais homólogas, obrigatórias em razão do postulado da supremacia da constituição".[95]

Conforme se depreende da exegese do artigo 210, parágrafo 1º, da constituição federal, é dever do poder constituído franquear o ensino religioso nas escolas públicas, independentemente de haver ou não interessados. Aliás, muita vez, a simples oferta do curso, por si só, desperta entusiasmo. As coisas boas atraem!

Em 2010, o Ministério Público Federal propôs ação direta de inconstitucionalidade (Ação n. 4.430/2010), visando à de-

---

[94] Grifos nossos.
[95] Borja, Célio. *Acordo Brasil – Santa Sé Comentado* (orgs.: Lorenzo Baldisseri e Ives Gandra M. Filho). Editora LTR, São Paulo, 2012, p. 307.

claração de inconstitucionalidade do supramencionado artigo 11, §1º, do acordo Brasil-Santa Sé (Decreto n. 7.107/2010), bem como postulando a interpretação do artigo 33, §§ 1º e 2º da LDB, para se conceituar o ensino religioso da constituição federal (artigo 210, §1º) como o ensinamento da história e dalgumas doutrinas das várias religiões, sob perspectiva laica, isto é, secular.

No dia 27 de setembro de 2017, por maioria de votos (6 a 5), o Supremo Tribunal Federal (STF), julgou improcedente o pedido do Ministério Público Federal, declarando, em consequência, a constitucionalidade do acordo Brasil-Santa Sé, para que, à luz do artigo 210, §1º da carta da república, o ensino religioso seja ministrado com caráter confessional, vale dizer, aulas de catolicismo para os alunos católicos, aulas de protestantismo para os alunos protestantes, aulas de judaísmo para os alunos judeus etc.

No voto minerva, a presidenta do tribunal, ministra Carmen Lúcia, ponderou que o intento do constituinte não poderia se restringir a aulas de religião com matiz de história ou de simples elementos culturais, pois tal conteúdo já se leciona em matérias como história e filosofia, por exemplo.

Interessante conhecer as entidades que atuaram como *amicus curiae* a favor do Ministério Público Federal, isto é, agiram processualmente contra a validade do acordo Brasil-Santa Sé. Ei-las: Grande Loja Maçônica do Estado do Rio de Janeiro (Glmerj), Conectas Direitos Humanos, Ecos-Comunicação em Sexualidade, Comitê Latino-Americano e do Caribe para a Defesa dos Direitos da Mulher (Cladem), Anis-Instituto de Bioética, Direitos Humanos e Gênero e Associação Brasileira de Ateus e Agnósticos.[96]

---

[96] http://www.stf.jus.br/portal/cms/verNoticiaDetalhe.asp?idConteudo=357099&caixaBusca=N

Em resumo, a LDB e, ulteriormente, o Acordo Brasil-Santa Sé, são leis que decerto implementaram o artigo 210, §1º da constituição federal, à medida que atribuem caráter confessional ao ensino religioso. O aludido parágrafo não há de ser lido apenas ao lume da cabeça do artigo 210, a qual determina que os conteúdos do ensino fundamental assegurarão o respeito aos valores culturais e artísticos, nacionais e regionais. Tal exegese especificamente focada nos valores culturais e artísticos *stricto sensu*, insulada do corpo constitucional, revela-se claudicante. A hermenêutica escorreita é do tipo sistemática, que leva em conta a integralidade do direito constitucional. Referentemente ao ensino religioso, é mister voltar os olhos para as demais normas e princípios constitucionais que salvaguardam os credos religiosos, quer diretamente, como na liberdade de culto garantida pelo artigo 5º, VI, da carta política, quer indiretamente, como, por exemplo, por meio do instituto da imunidade tributária (artigo 150, VI, "b"). Mas, na interpretação jurídica, deve-se sobretudo ter em mira a confessionalidade do preâmbulo da constituição. Deveras, o constituinte *confessou* que acredita em Deus, pois promulgou a constituição sob a proteção divina e não baseado em folclore (valores culturais) e manifestações antropológico-sentimentais. O constituinte não escreveu algo como: "Fundamentados no sentimento religioso e na cultura religiosa do povo brasileiro, promulgamos esta constituição". No preâmbulo, mediante frase lapidar e prenhe de densidade teológica ("sob a proteção de Deus"), o constituinte *confessa* que existe o *criador* do homem e do universo.

Excurso: "Como se produz o pensamento?" - A. Boulenger

I- O cérebro e o pensamento

O principal argumento dos materialistas contra a existência da alma, ou, pelo menos, contra sua espiritualidade, baseia-se nas relações entre o cérebro e o pensamento.

O cérebro, dizem, é a *causa* única do pensamento. K. Vogt escreveu: "o cérebro segrega o pensamento como o fígado segrega a bílis, e os rins, a urina". Buchner, numa frase mais capciosa, afirma "que a relação entre o pensamento e o cérebro é a mesma que há entre a bílis e o fígado, entre a urina e os rins". A prova de que o cérebro é a causa do pensamento julgam encontrá-la na íntima correlação entre um e outro, afirmando que ao maior desenvolvimento do cérebro corresponde maior inteligência, e que as lesões e alterações mórbidas do cérebro se repercutem no pensamento.

II- O processo do pensamento

Para explicar a maneira como o cérebro produz o pensamento, amiúde se recorre à lei física da transformação das forças. "O pensamento, diz Moleschott, é um movimento da matéria". O pensamento é uma espécie de movimento próprio da substância dos centros nervosos; o cérebro pensa do mesmo modo que o músculo se contrai: em ambos os casos, os fatos explicam-se pela transformação das forças. A vibração nervosa transforma-se em sensação, emoção, pensamento; e inversamente, o pensamento transforma-se em emoção, determinação voluntária, vibração nervosa e, finalmente, em movimento muscular e mecânico.

Na verdade, as relações íntimas entre o cérebro e o pensamento são incontestáveis. Falta somente conhecer se o cérebro é *causa* ou *condição*.

a) Se é *causa*, deve haver sempre proporção entre o cérebro e a inteligência, pelo princípio geral de que a mesma causa, nas mesmas condições, produz sempre os mesmos efeitos. Deveriam, pois, dizer-nos como se pode determinar essa correlação. De que dependerá a agudeza da inteligência? Do peso do cérebro? Do seu volume? Do número e delicadeza das *circunvoluções*? Da qualidade da substância de que é formado, mais ou menos rica em fósforo? Dificilmente o poderão provar.

Se a atribuem ao peso, objetamos que ao lado de cérebros como os de Cuvier com 1.830 gramas, de lorde Byron, com 1.795, há outros, como o de Gambeta, que tinha apenas 1.160 gramas. Dependerá do volume? A *cerebrologia*, ou ciência das funções do cérebro, mostra que a cubagem dos crânios nas diferentes raças oscila entre os estreitos limites de 1.477 a 1.588 cm^3; e, contudo, sabemos que há raças que superam outras em inteligência. As aproximações entre o pensamento e o *número*, a *delicadeza* e a riqueza em fósforo das circunvoluções também não têm fundamento. Portanto, a correlação entre o cérebro e o pensamento não é lei certa, partindo tal tese de um falso pressuposto.

A cerebrologia chegou a descobrir a perfeita *semelhança morfológica* entre o cérebro do homem e o do macaco. Se os cérebros são idênticos, por que só o homem pensa e raciocina?

Contra essa doutrina temos ainda dois fatos: a loucura e as localizações cerebrais: 1- A *loucura*. Está averiguado que pode haver loucura sem lesão cerebral. Como se explica, então, que o instrumento, causa única do pensamento, funcione mal, estando intacto? 2- As *localizações cerebrais*. Houve tempo em que se acalentavam muitas esperanças nas teorias das *localizações cerebrais*: fixam o lugar dos centros sensitivos e motores, da memória etc. Julga-se até que se podia localizar o pensamento nos lobos frontais. Ora, essa teoria, já antes insuficientemente demonstrada pelas experiências, foi abandonada depois das verificações médicas feitas no decurso da primeira grande guerra (1914-1918). Com efeito, examinaram-se inúmeras *lesões cerebrais* – perda considerável de substância cerebral, ablação dos supostos centros sensitivos e motores, redução da massa cerebral nos lobos frontais –, sem que os feridos se tenham ressentido gravemente dessa falta, ou tenham perdido as faculdades de sentir, de andar, de pensar e de falar. Portanto, ao contrário da teoria das localizações, devemos concluir que no cérebro não existe *região alguma* que seja sede e órgão do pensamento.

b) Em segundo lugar, se o cérebro é a causa do pensamento, deve haver *semelhança de natureza entre a causa e o efeito*. Se a causa é material, também o deve ser o efeito. Logo, as palavras de K. Volgt voltam-se contra a tese materialista. É certo que o fígado segrega a bílis, mas o efeito é material como a causa. Para ser verdadeira a comparação, era necessário que o cérebro material, composto e múltiplo, produzisse um efeito da mesma ordem. Ora, a inteligência é una e simples e possui ideias, nada em comum com a matéria. Portanto, não pode provir de uma causa material, mas supõe uma atividade imaterial, que é a *alma*.

c) Finalmente, como conciliar a identidade pessoal do *eu* com as contínuas mudanças do corpo e especialmente do cérebro? Como poderá a identidade ser o resultado de mudanças? E como podem as novas moléculas conservar a lembrança de acontecimentos ou de impressões que afetaram as moléculas substituídas?

d) Temos, pois, de concluir que o cérebro não é a *causa* do pensamento, mas comente a *condição*. Não é o órgão da inteligência, mas um simples instrumento à semelhança da harpa, que não pode emitir sons se não for tocada pelo músico. A *causa do pensamento* é só a alma; absolutamente falando, esta não teria necessidade de órgão; contudo, por causa da sua união substancial com o corpo, não pode pensar sem as imagens que são transmitidas ao cérebro pelos órgãos do sentido. O cérebro é apenas um *instrumento necessário* à atividade intelectual. Por isso, não admira que as lesões dos centros nervosos paralisem as funções que deveriam exercer. Nenhum artista conseguirá tirar sons de um instrumento partido, não obstante ser tão artista antes como depois.

III- A produção do pensamento

A gênese do pensamento é a mesma nas duas hipóteses. Quer o cérebro seja *causa*, quer simples *condição*, não varia o modo como exerce as suas funções. A alma utiliza o cérebro como *instrumento*; não é, pois, de admirar que a atividade da inteligência esteja acompanhada de fenômenos materiais dependentes das leis físicas, tais como a vibração, a produção de calor e o aparecimento de novas substâncias químicas. O erro dos materialistas está em parar aí, e concluir que as ideias são só movimento, porque andam sempre juntas com ele.

Como conclusão, podemos afirmar que não basta o cérebro para explicar o pensamento e, por conseguinte, ele não é *causa*, mas *condição necessária*, pelo menos no presente estado da natureza humana.

VI
CASAMENTO RELIGIOSO

Constituição federal:

Artigo 226. A família, base da sociedade, tem especial proteção do Estado.

(...)§2º O casamento religioso tem efeito civil, nos termos da lei.

1) Etimologia do vocábulo *matrimônio*

"Interessante é a origem etimológica do vocábulo 'matrimônio'. Provém ele da justaposição de dois termos latinos: *matri* + *munus* (múnus ou papel de mãe). O antônimo de 'matrimônio' seria 'patrimônio', formado por *patri* + *munus* (múnus ou papel de pai). Vale dizer, em tom chistoso, do ponto de vista etimológico, quem cuida do dinheiro (patrimônio) é o pai... Isto é apenas brincadeira! Na verdade, a etimologia nos socorre para roborar a tese de que a mulher é a 'rainha do lar', já que a família é múnus ou dever da mãe".[97]

O que eu escrevi acima, com a necessária ressalva de chiste, não integra, hoje em dia, o rol das afirmações politicamente corretas. Se volvêssemos uns dois decênios no tempo, todo o mundo concordaria que o homem é o chefe da família. Contemporaneamente, contudo, sob o influxo das ideologias igualitárias, as hierarquias, tão endógenas ao ser humano, vão se

---

[97] Sampel, Edson Luiz. *O Direito e a Família* (organizadores: Ives Gandra Martins e Paulo de Barros Carvalho), Noeses, São Paulo, 2014, p. 102.

solapando e a vida perde o viço e decai no marasmo do pensamento único!

As palavras "casamento" e "matrimônio" são sinônimas. Mas, qual é a etimologia do termo "casamento"? Socorre-nos o lexicógrafo Silveira Bueno:

> "Casamento. De *casa* e suf. *mento* (...) Em latim med., *casamentum* era um terreno dotado de casa".[98]

2) Definição de casamento ou matrimônio

O código canônico latino (*Codex Iuris Canonici*)[99] veicula bela definição de casamento ou matrimônio. Eis a tradução do cânon 1055, §1º:

> "A aliança matrimonial, pela qual o homem e a mulher constituem entre si uma comunhão da vida toda, é ordenada por sua índole natural ao bem dos cônjuges e à geração e educação da prole, e foi elevada entre os batizados à dignidade de sacramento".

Comentemos este lapidar conceito. Primeiramente, observa-se que só existe casamento ou matrimônio entre um homem e uma mulher: *vir et mulier*, no original latino. Isso é óbvio, porquanto o casamento visa à geração dos filhos, para incremento das sociedades política e eclesiástica, as quais, geralmente, se confundem no mesmo território. É o múnus social do casamento. O cânon em apreço apenas referenda o direi-

---

[98] Bueno, Silveira. *Grande Dicionário Etimológico Prosódico da Língua Portuguesa*, vol. 2, Saraiva, São Paulo, 1968, p. 637 e 638.
[99] O *Codex Iuris Canonici* se aplica aos católicos no Brasil e em grande parte dos países do ocidente.

to natural, que está acima do direito positivo. Neste sentido, o constituinte, quando grafou na carta política que "a família, base da sociedade, tem especial proteção do Estado", não poderia estar pensando em família que não fosse constituída por um homem e uma mulher com os filhos, já que o vocábulo "base", que poderia ser substituído por "célula" (a família é a célula da sociedade) nos transporta para a ideia de fundamento, arrimo, ou microssociedade, que gera a macrossociedade, ou seja, o Estado. Assim, a locução "base da sociedade" há de ser compreendida principalmente na vertente biológica, porquanto são as muitíssimas famílias que, juntas, engendram a sociedade política e a mantém. Esta é a interpretação escorreita, levada a cabo por qualquer cidadão, mesmo por quem não tem nenhuma familiaridade com o direito constitucional. *In claris, cessat interpretatio*, admoesta o apotegma latino. Tanto isto é verdade, que o constituinte enxertou logo abaixo, no §2º, a seguinte norma: "o casamento religioso tem efeito civil". Em outras palavras, não se cogitaria de casamento religioso se se tivesse em mente modelo de família distinto do monogâmico cristão, albergado pelo constituinte de 1988: um homem e uma mulher que geram filhos.

O próprio Código Civil Brasileiro evidencia a natureza heterossexual do casamento. Por exemplo, o artigo 1514 do código preceitua que o "casamento se realiza no momento em que o homem e a mulher manifestam (...) a vontade de estabelecer vínculo conjugal (...)". Noutro setor do código, disciplinando a eficácia do casamento, o artigo 1565 dispõe que "pelo casamento, homem e mulher assumem mutuamente a condição de consortes (...)".

Não nos escandalizemos em face dalgumas definições desairosas de casamento, tais como as transcritas por Washington de Barros Monteiro: "em nosso hemisfério monógamo, casar é perder metade de seus direitos e duplicar seus deveres" (Schopenhauer); "o casamento é ridícula instituição dos filisteus" (Somerset Maugham); "o casamento é um pacto inoportuno e obsceno" (Aldous Huxley); "a kind of funeral in which we bury a part of ourselves" [o casamento é espécie de funeral em que enterramos parte de nós mesmos] (Lockeridge).[100] Monteiro, sem embargo, conclui: "Abandonem-se, porém, tais expansões e conceitue-se o casamento, em face do nosso direito, como a união permanente do homem e da mulher, de acordo com a lei, a fim de se reproduzirem, de se ajudarem mutuamente e de criarem os filhos".[101]

3) Indissolubilidade do casamento: preceito de direito natural

A indissolubilidade do matrimônio é deveras preceito de direito natural. O direito positivo, de qualquer Estado, deveria se adequar sempre ao direito natural, sob pena de exteriorizar leis incompatíveis com a dignidade do homem. Com efeito, ensina Rafael Llano Cifuentes:

> "(...) o direito canônico não criou as propriedades que considera consubstanciais ao matrimônio, mas apenas recolheu nas suas normas as notas essenciais que estavam implícitas no direito natural. E é precisamente por esta razão que os argumentos empregados pelos canonistas para defender as finalidades e propriedades do matrimônio coincidem normalmente com a doutrina de numerosos juristas não cristãos".[102]

---

[100] Monteiro, Washinton de Barros. *Curso de Direito Civil, Direito de Família*, Saraiva, São Paulo, 1992, p. 8.
[101] *Ibidem*.
[102] Cifuentes, Rafael Llano. *Novo Direito Matrimonial Canônico*, Marques Saraiva, Rio de Janeiro, 1988, p. 99.

VI – CASAMENTO RELIGIOSO

A indissolubilidade do casamento, como caráter de direito natural, já se revelava no próprio direito romano. De fato, é célebre a definição de matrimônio dada por Modestino: "*Nuptiae sunt conjuctio maris et feminae, consortium omnis vitae, divini et humani iuris communicatio*" (O casamento é a comunhão do marido e da esposa, o consórcio da vida inteira e a comunicação entre o direito divino e o direito humano). O consórcio da vida inteira! Não se via o casamento como relação passageira.

No cristianismo, as núpcias criam vínculo irrompível entre o homem e a mulher. Foram, demais, elevadas à honorabilidade de sacramento. Com efeito, nosso Senhor Jesus Cristo declarou peremptoriamente: "não separe o homem o que Deus uniu".[103] Eis a perícope do evangelho de são Marcos em que Jesus enfrenta o problema da indissolubilidade do casamento:

> "Alguns fariseus aproximaram-se dele e, para pô-lo à prova, perguntaram-lhe se é lícito a um marido repudiar a sua mulher. Ele respondeu: 'Que vos ordenou Moisés?' Eles disseram: 'Moisés permitiu escrever carta de divórcio e depois repudiar'. Jesus, então, lhes disse: 'Por causa da dureza dos vossos corações ele escreveu para vós esse mandamento. Mas desde o princípio da criação ele os fez homem e mulher. Por isso, o homem deixará o seu pai e a sua mãe, e os dois serão uma só carne. De modo que já não são dois, mas uma só carne. Portanto, o que Deus uniu o homem não o separe. E em casa, os discípulos voltaram a interrogá-lo sobre esse ponto! E ele disse: 'Todo aquele que repudiar a sua mulher e desposar uma outra comete adultério com a primeira; e se essa repudiar o seu marido e desposar um outro, comete adultério'".[104]

---

[103] Mc 10,9.
[104] Mc 10,1-12.

O direito eclesiástico ora vigente admite a dissolubilidade do casamento. Quando a constituição atual foi promulgada, em 1988, havia, ainda, a determinação de se cumprir o interstício de dois anos, após a separação de fato, ou, um ano, após a separação judicial, antes de o poder judiciário sentenciar o divórcio. Este lapso é mais uma prova de como o constituinte originário, embevecido nos valores cristãos, encarava o casamento como múnus social dos cônjuges, sendo que o prazo antes do divórcio serviria para a reflexão dos nubentes e maturação da ideia de se divorciarem. O atual parágrafo 6º do artigo 226 da constituição federal já não impõe nenhuma condição para o divórcio:

> "Art. 226 A família, base da sociedade, tem especial proteção do Estado (...)
> § 6º O casamento civil pode ser dissolvido pelo divórcio".

4) Incompatibilidade da chamada "união civil homossexual" com a carta política

Criticável, portanto, a decisão do Supremo Tribunal Federal, que autorizou a "união civil entre homossexuais", a partir de um caso concreto. A corte suprema extrapolou o papel de órgão judicante, arvorando-se em legislador, subtraindo, assim, do povo brasileiro o direito-poder de deliberar sobre esse tipo de assunto, mediante os representantes populares legítimos, isto é, os deputados federais e senadores da república. O indigitado decisório do STF padece, ainda, da agravante de pretender alterar a constituição, a qual só se reforma por procedimento adrede dificultoso. O STF impôs ao povo brasileiro interpretação esdrúxula do conceito constitucional de casamento, família etc., incompatível com as palavras e o espírito da carta magna e com a melhor doutrina e pacífica jurisprudência.

Para o católico, cidadão comum ou autoridade pública, é impensável o apoio a projetos de lei ou iniciativas quaisquer que legitimem a chamada "união civil entre homossexuais". De fato, a Congregação para a Doutrina da Fé emitiu um parecer,[105] exprobando eventual auxílio em favor desse tipo de união civil. Com efeito, prescreve o referido documento pontifício:

> "No caso de o parlamentar católico se encontrar perante lei favorável às uniões homossexuais já em vigor, deve opor-se, nos modos que lhe forem possíveis, e tornar conhecida sua oposição: trata-se de ato devido de testemunho da verdade".[106]

O mencionado parecer da Igreja católica decerto coalesce com a ideia de casamento que o constituinte registrou na carta política de 1988, vale dizer, relação monogâmica entre um homem e uma mulher. É assim que concebe o assunto a esmagadora maioria dos brasileiros. Por isso, a constituição procurou solidificar os valores da família, entre outros valores. O direito, como se sabe, cumpre duas funções relativamente distintas, porém complementares. Por um lado, as normas jurídicas visam a estabilizar determinados valores sociais; por outro lado, em virtude da mutabilidade dalguns comportamentos, o direito também acompanha e regula as novas concepções do povo. Nada obstante, é típico do direito constitucional preservar a intangibilidade dos valores abrigados na constituição. Daí

---

[105] Considerações sobre os projetos de reconhecimento legal das uniões entre pessoas homossexuais, São Paulo, Paulinas, 2003.
[106] *Idem*, p. 17.

o procedimento assaz dificultoso para a mudança da carta política. Existem até determinados valores, como a vida humana, que nem sequer podem ser objeto de discussão parlamentar. Compõe a assim chamada "cláusula pétrea".

Deve-se, é claro, tributar lídimo respeito aos homossexuais. Mas, não é possível chamar de casamento a indigitada "união civil" com caráter erótico. Nem mesmo se faz necessário o reconhecimento jurídico dessas uniões, porquanto o direito já dispõe de instrumentos mui hábeis para preservar bens e interesses dos parceiros envolvidos. Esse ponto do direito eclesiástico brasileiro corresponde à percepção de católicos e protestantes. De feito, foram os evangélicos nos parlamentos os que mais pugnaram pela mantença e proteção da família tradicional, ou seja, da família que o constituinte tinha na cabeça. "Nenhuma ideologia pode cancelar do espírito humano a certeza de que só existe matrimônio entre duas pessoas de sexo diferente, que através da recíproca doação, que lhes é própria e exclusiva, tendem à comunhão de pessoas".[107] À época da promulgação da atual carta política, não havia *lobies* gays como os há hoje e, com certeza, não passou pelas mentes dos deputados constituintes a menor hipótese de interpretação do artigo 226 que não referendasse a família de modelo cristão, conforme o povo brasileiro a concebia e ainda concebe. Por este exato motivo, os representantes do povo, ao erigirem novel Estado, não se deslembraram da família e puseram, lado a lado, o casamento civil e o casamento religioso. Os valores selados na constituição são permanentes, até que o povo brasileiro, em futura assembleia constituinte, proceda a inovações. Desta feita, a exegese jurídica, mesmo em se admitindo hermenêuticas progressivas, e até

---

[107] *Considerações sobre os projetos de reconhecimento legal das uniões homossexuais*, São Paulo, Paulinas, 2003, p. 6.

progressistas, que levem em conta certa mutabilidade dos costumes, não há de macular o núcleo do bem resguardado pelo direito constitucional; *in casu*, a família, tal como os patrícios a compreendem. De qualquer maneira, – repito – caberia ao poder legislativo, mediante emenda constitucional, e não ao judiciário, legiferar sobre a união civil carnal entre os homossexuais, uma vez que a carta política em vigor somente respalda a união civil carnal heterossexual, denominada de casamento.

5) A homossexualidade no Catecismo da Igreja Católica

Como a Igreja católica encara o fenômeno da homossexualidade? Decerto com bastante respeito, mas com firmeza. Transcrevemos, em seguida, os parágrafos do Catecismo da Igreja Católica que tratam do assunto em tela.

> "A homossexualidade designa as relações entre homens e mulheres que sentem atração sexual, exclusiva ou predominante, por pessoas do mesmo sexo. A homossexualidade se reveste de formas muito variáveis ao longo dos séculos e das culturas. A sua gênese psíquica continua amplamente inexplicada. Apoiando-se na sagrada escritura, que os apresenta como depravações graves (Gn 19,1-29; Rm 1,24-27; 1Cor 6,10; 1Tm 1,10), a tradição sempre declarou que 'os atos de homossexualidade são intrinsecamente desordenados' (Declaração *Persona humana*, 8, Congregação para a Doutrina da Fé). São contrários à lei natural. Fecham o ato sexual ao dom da vida. Não procedem de uma complementariedade afetiva e sexual verdadeira. Em caso algum podem ser aprovados. Número não negligenciável de homens e mulheres apresenta tendências homossexuais inatas. Não são eles que

escolhem sua condição homossexual; para a maioria, pois, esta constitui provação. Devem ser acolhidos com respeito, compaixão e delicadeza. Evitar-se-á para com eles todo sinal de discriminação injusta. Estas pessoas são chamadas a realizar a vontade de Deus na sua vida e, se forem cristãs, ao unir ao sacrifício da cruz do Senhor as dificuldades que podem encontrar por causa da sua condição.

As pessoas homossexuais são chamadas à castidade. Pelas virtudes de autodomínio, educadoras da liberdade interior, às vezes pelo apoio de amizade desinteressada, pela oração e pela graça sacramental, podem e devem se aproximar, gradual e resolutamente, da perfeição cristã".[108]

A Igreja católica, perita em humanidades,[109] empenha-se em comunicar a doutrina evangélica a respeito do ser humano e da vocação dele. Heterossexuais e homossexuais são chamados a viver a castidade, não se deixando dominar pela luxúria.[110]

6) O valor social do casamento

O matrimônio, sobre constituir alento para os cônjuges, conforme vimos linhas atrás, importa, também, função social, que se coloca acima de interesses individuais egoísticos. Na sociedade contemporânea, que supervaloriza o consumo e o prazer, não é incomum que os cônjuges rompam o vínculo nupcial por intermédio do divórcio e busquem outros parceiros mais

---
[108] Catecismo da Igreja Católica, n. 2357 e 2358.
[109] *Populorum progressio*, n. 13.
[110] Segundo a visão de certo presbítero famoso na Internet, a maneira como os homossexuais vivem a sexualidade foi copiada dos heterossexuais, porque estes fazem da sexualidade um "parque de diversões", extrapolando largamente os objetivos da procriação.

jovens e com eles se matrimoniem de novo. Infelizmente, nesse troca-troca, padecem sobremaneira os filhos, não contando mais com a estabilidade do lar. Eis, portanto, a função social do casamento: educar, criar novos cidadãos, pessoas íntegras que deem continuidade ao Estado. A família, microssociedade, tornar-se-ia o modelo do Estado, macrossociedade. Sem embargo, os milhares de famílias a se diluírem inoculam no Estado, sociedade política, algum ranço de transitoriedade dos valores éticos. Não faz muitos anos, havia famílias que, apesar das rusgas constantes entre os cônjuges, preservavam-se incólumes por força do ideal de educar, criar e gerar filhos. Em outras palavras, o anelo social instigava-as e pairava além de quaisquer direitos ou interesses particulares. Isto se chama amor e sacrifício pelos filhos e pela sociedade.

Nos inícios da implantação do divórcio, nas décadas de 80 e 90, a legislação ainda portava resquício do valor social do casamento, uma vez que não se permitia o divórcio antes de dois anos de separação de corpos ou de um ano de desquite.[111] Contemporaneamente, havendo consenso dos nubentes, casa-se hoje e divorcia-se amanhã! O casamento, de instituição eminentemente social, passou a ser contrato de direito privado, suscetível de distrato a todo instante, ao alvedrio exclusivo dos esposos. Nem mesmo o poder judiciário, antanho garante da instituição matrimonial, se esmera por tentar, nalguns casos, a reconciliação dos cônjuges. Desde de que não haja filhos menores de idade, é factível obter o divórcio por via eletrônica (processo judicial eletrônico), sem que o juiz sequer veja a catadura dos cônjuges.

---

[111] Não me apraz o termo "separação judicial"; duas pessoas jurídicas também podem se separar judicialmente. O vocábulo "desquite" é mais preciso e não se entende o porquê de ele ser extirpado do léxico jurídico. Assim como assim, a palavra "desquite" nunca deixou de constar dos melhores dicionários, e o legislador não tem a faculdade de emudecê-la.

7) Família: união estável

O parágrafo 3º do artigo 226 reconhece como família a união estável entre um homem e uma mulher. Eis a letra da norma constitucional:

> "§3º Para efeito de proteção do Estado, é reconhecida a união estável entre o homem e a mulher como entidade familiar, devendo a lei facilitar sua conversão em casamento".

Além disso, a constituição contempla diversas formas de família. É o que se depreende da leitura do parágrafo 4º do mesmo artigo 226 da carta política:

> "§4º Entende-se, também, como entidade familiar a comunidade formada por qualquer dos pais e seus descendentes".

Ampliou-se, de fato, o conceito de família, já que esta microssociedade se constitui pela simples "união estável" entre um homem e uma mulher, em que pese à aspiração do constituinte para que a união estável se transforme em casamento: "devendo a lei facilitar sua conversão em casamento" (artigo 226, §3º).

Realmente, houve mudança substancial. As constituições pretéritas – todas – definiam a família pelo casamento. Já a constituição de 1891, avessa à Igreja católica, estatuía que a república só reconhece o casamento civil, de celebração gratuita (artigo 72, §4ª). Na sequência, as constituições de 1934, 1937 e 1946 prescreviam que a família é constituída pelo casamento indissolúvel. Mesmo as constituições de 1967 e 1969, gestadas sob o influxo da ideologia divorcista, ainda assim consignavam o casamento indissolúvel como fundamento da família.

Observa Cretella Júnior que a conceituação constitucional de família em base da união estável provocou grande impacto sobre os cultores do direito civil, "atualizando-se de imediato livros antigos" (...) "e surgindo monografias valiosas".[112]

8) Inovação trazida pelo acordo Brasil-Santa Sé: sentença eclesiástica de nulidade de casamento homologável pelo STJ

O acordo ultimado entre o Brasil e a Santa Sé, Decreto Federal 7.107/2010, regula várias questões importantes, conforme estudamos neste livro. Tratamos, agora, especificamente do artigo 12 do aludido pacto, vazado nos seguintes termos:

> "O casamento celebrado em conformidade com as leis canônicas, que atender também às exigências estabelecidas pelo direito brasileiro para contrair casamento, produz os efeitos civis, desde que registrado no registro próprio, produzindo efeitos a partir da data de sua celebração. Parágrafo 1º A homologação das sentenças eclesiásticas em matéria matrimonial, confirmadas pelo órgão de controle superior da Santa Sé, será efetuada nos termos da legislação brasileira sobre homologação de sentenças estrangeiras".

A novidade reside no parágrafo 1º, porque o disposto na cabeça do artigo já é prática comum nas paróquias: casamento religioso com efeito civil.

No meu entender, a sentença de nulidade de casamento, proferida por um tribunal eclesiástico, só poderia ser ratifica-

---

[112] Cretella Júnior, José. *Comentários à Constituição de 1988*, vol. VIII, p. 4526. Forense, Rio de Janeiro, 1993.

da pela autoridade brasileira, se a causa da indigitada nulidade correspondesse a algum impedimento matrimonial, pois apenas nesta hipótese, o direito brasileiro também prevê a nulidade. O acordo não há de ferir nenhum dispositivo da lei brasileira.

Os impedimentos dirimentes, contemplados tanto pela legislação canônica quanto pela legislação civil, são os seguintes: 1) idade; 2) vínculo matrimonial anterior; 3) homicídio do cônjuge, com o propósito de se casar com o sobrevivente; 4) ascendentes com descendentes, em linha reta; 5) parentesco por adoção. O rapto de mulher honesta, para com ela convolar núpcias, não está mais no rol dos impedimentos do código civil em vigor, porém permanece no código canônico.

Outra possibilidade de o Estado homologar uma sentença eclesiástica é a do casamento válido, mas não consumado, em que o santo padre (o papa) dissolve o vínculo. Neste caso, a autoridade civil chancela o veredicto pontifício, equiparando-o ao divórcio.

No âmbito da justiça canônica, há diversas possibilidades de declaração de nulidade de matrimônio.[113] Por exemplo: um

---

[113] Eis as causas mais comuns de nulidade de um casamento celebrado na Igreja:

1) Exclusão do bem da prole: um dos nubentes, ou ambos, não querem ter filhos.
2) Exclusão do bem da fidelidade: não se admite a exclusividade de um único parceiro sexual.
3) Exclusão total do matrimônio: não se deseja o casamento em si; quer-se apenas uma aparência de casamento, para que se possa atingir outro objetivo, como, por exemplo, o *status* social próspero.
4) Exclusão da indissolubilidade: os parceiros, ou um deles, se casam, mas admitem a possibilidade de separação e rompimento do vínculo, se o casamento não der certo.
5) Erro de qualidade direta e principalmente desejada: exemplo: o fato de a parceira ser uma exímia costureira é tudo para o nubente; casa-se com ela, visando à referida qualidade. Se esta qualidade não se implementa, o casamento é nulo.
6) Violência ou medo: alguém constrange a outra pessoa a convolar o casamento, ou, então, surge o denominado *temor reverencial* (respeito excessivo pela vontade dos pais; ex.: uma gravidez inesperada faz com que o pai moralmente obrigue a filha a se casar, para não ficar desonrada).
7) Falta de discrição de juízo: os cônjuges, ou um deles, não dispõem da maturidade mínima necessária para assumirem e porem em prática os encargos do matrimônio.
Falta de forma canônica: não houve o devido respeito ao rito estabelecido pela Igreja na celebração do casamento. Ex.: o padre não solicitou a manifestação de vontade dos noivos

matrimônio pode vir a ser considerado inválido por uma corte canônica, em virtude de os cônjuges, à época da celebração, padecerem de grave imaturidade para assumirem os misteres inerentes à vida a dois (cânon 1095, n. 2). No entanto, essa possibilidade não existe para o direito brasileiro. Desta feita, esse tipo de sentença será objeto de ratificação? Outros motivos de nulidade assaz corriqueiros nas cortes canônicas que, a meu ver, não receberiam a chancela do Estado: a exclusão do bem da fidelidade ou do bem da prole. São pontos exclusivamente sacramentais (religiosos) e canônicos.

Se o Estado homologar a sentença canônica, as partes envolvidas, isto é, os cônjuges, voltam a gozar do *status* de solteiros.

Em junho de 2013, o Superior Tribunal de Justiça (STJ) convalidou uma sentença canônica de nulidade de casamento. O primeiro caso. O relator do processo estribou-se no artigo 12 do Acordo Brasil-Santa Sé. Doravante haverá muitos requerimentos de homologação de sentenças judiciais oriundas do poder judiciário da Igreja católica? Não se sabe! Pelo pacto internacional celebrado com a Santa Sé, o Brasil se compromete a dar validade jurídica às decisões relativas a matrimônios, nada mais. Deveras, a Igreja sempre reivindicou competência concorrente para estatuir as normas que digam respeito ao casamento. Vale dizer: a Igreja e o Estado têm graves responsabilidades em tutelar os valores da família.

Resta saber, como dissemos acima, se a justiça brasileira homologará tão somente as sentenças em que a nulidade provier de causa concomitantemente relevante para o direito civil e para o direito canônico ou de causa de nulidade exclusivamente canônica. Dou outro exemplo. A coação irresistível, como a ameaça de morte imputada ao cônjuge, torna nulo o casamento tanto no aspecto cível quanto no canônico. Ora, se o noivo foi compelido a se casar sob o prenúncio de mal terrível, irrogado pelo pai da noiva, cuida-se de casamento nulo.

Hipótese assaz corriqueira nos tribunais eclesiásticos, conforme expendemos há pouco, é a chamada "exclusão do bem da fidelidade". Um dos nubentes, ou ambos, foi sempre infiel, privando com outros parceiros sexuais desde o namoro. Este casamento é nulo para a Igreja. Outra possibilidade, uma das mais ocorrentes nas cortes canônicas, é a denominada "falta de discrição de juízo", ou seja, a imaturidade grave que impede aos nubentes coexistirem sob o mesmo teto, com o cumprimento das obrigações inerentes ao conúbio. Isto é nulidade para o direito canônico, mas não para o direito civil ou estatal.

Pelo que pude aquilatar em colóquios com especialistas, a tendência é que a justiça brasileira homologue qualquer casamento declarado nulo pela corte máxima da Igreja, o Tribunal da Assinatura Apostólica, localizado em Roma. É, aliás, o que se depreende da leitura do resumo da primeira homologação deste tipo, postado no site do STJ. O relator coloca como premissas para a convalidação o fato de o casamento haver sido celebrado em conformidade com o direito civil, bem como a previsão do ato homologatório no acordo. Parece não haver nenhuma referência à obrigação de a causa de nulidade ser contemplada simultaneamente pelo direito civil e pelo direito canônico. Neste sentido se expressa o ex-núncio no Brasil, dom Lorenzo Baldisseri:

> "Se o ordenamento constitucional brasileiro admite que a celebração religiosa do casamento surta todos os efeitos civis, por simetria necessária, haverá de reconhecer os efeitos civis da anulação do casamento religioso".[114]

---

[114] Diplomacia Pontifícia; Acordo Brasil – Santa Sé, intervenções, São Paulo, LTR, 2011, p. 114.

A grande novidade trazida pelo Acordo Brasil-Santa Sé consiste em que os envolvidos nesses processos, após a devida homologação, passarão a ostentar o estado civil de solteiro, consoante escrevi anteriormente. Isto é simplesmente revolucionário, ou melhor, contrarrevolucionário! É claro que, felizmente, não nos encontramos mais em tempos tão preconceituosos, em que ser divorciado (ou divorciada!) era nódoa pesadíssima imposta pela sociedade. De qualquer modo, cuido que a bastante gente interessará voltar a ser solteiro, após casamento malogrado e nulo, isto é, inválido, inexistente.

Os tribunais eclesiásticos do Brasil estão repletos de requerimentos de nulidade de matrimônio. Sabemos que grande parte dos brasileiros opta pelo casamento religioso (canônico) na Igreja católica. Perante a legislação pátria, não vejo caminho para a declaração de nulidade de casamento, com o retorno ao estado civil de solteiro, a não ser pelo processo canônico, conforme as novas e alvissareiras perspectivas delineadas pelo acordo Brasil-Santa Sé.

9) Pacto antenupcial entre cônjuges católicos

Tem importância para o direito eclesiástico brasileiro a possibilidade de pacto antenupcial que salvaguarde, tanto quanto factível, a indissolubilidade do vínculo matrimonial. Como vimos neste livro, à luz do direito canônico, é indissolúvel o matrimônio ou casamento. Para o Estado, a dissolubilidade é plena, sem nenhum óbice. Nada obstante, a constituição da república protege o casamento e a família. É óbvio que o arrimo do Estado presume certa estabilidade nos relacionamentos conjugais, em outras palavras, casamentos que durem algum tanto. Parece que a durabilidade do casamento é apanágio inconteste para o direito estatal. Pode-se até mesmo condescender com o apotegma do poeta, "eterno enquanto dure", todavia, se o constituinte quis tutelar a família, fruto do casamento, não se deslembrou que a família cresce ao largo do tempo, com o nascimento dos filhos, netos etc. Malgrado o divórcio, o casamento hodierno, *grosso modo*, não sói ter tão curta permanência.

Pergunta-se: seria condizente com o ordenamento jurídico brasileiro a celebração de pacto antenupcial que obrigasse os cônjuges católicos a recorrer à justiça eclesiástica antes de se divorciarem? Os pactos antenupciais praticados hoje em dia tangem, quase sempre, ao patrimônio dos cônjuges. Eis o teor dos artigos 1653 a 1657 do Código Civil Brasileiro, disciplinando o pacto antenupcial:

> "Capítulo II – Do pacto antenupcial
> Artigo 1653. É nulo o pacto antenupcial se não for feito por escritura pública, e ineficaz se não lhe seguir o casamento.
> Artigo 1654. A eficácia do pacto antenupcial, realizado por menor, fica condicionada à aprovação do seu representante legal, salvo as hipóteses de regime obrigatório de separação de bens.
> Artigo 1655. É nula a convenção ou cláusula que contravenha disposição absoluta de lei.
> Artigo 1656. No pacto antenupcial, que adotar o regime de participação final nos aquestos, poder-se-á convencionar a livre disposição dos bens imóveis, desde que particulares.
> Artigo 1657. As convenções antenupciais não terão efeito perante terceiros, senão depois de registradas, em livro especial, pelo oficial do registro de imóveis do domicílio dos cônjuges".

O pacto antenupcial ora analisado neste item, destarte, compeliria os nubentes católicos a ajuizar ação eclesiástica de nulidade de casamento, a fim de verificarem se o matrimônio (sacramento) é canonicamente válido ou inválido. Na hipótese de a corte canônica declarar a nulidade do himeneu, e só aí, os cônjuges aderentes do pacto antenupcial estariam autorizados a requerer o divórcio. Não há dúvida de que o pacto antenupcial regulador do patrimônio dos esposos necessitaria de satisfação cabal, sem o que o divórcio arrostaria instransponível empeço. Porém, outra coisa é a cláusula antenupcial que compele os cônjuges à prévia demanda no juízo canônico. Se um dos cônjuges não quiser mais bater às portas do tribunal eclesiástico, estaria este cônjuge impedido de se divorciar ou mesmo de convolar a novas núpcias? O pacto antenupcial em exame não vulneraria o direito constitucional de liberdade dos cônjuges? O direito de eleger o estado de vida não restaria menoscabado? Não se feriria o artigo 1655 do Código Civil Brasileiro, antes transcrito? O que se entende por "disposição absoluta de lei"? O direito civil argentino, por exemplo, é claro a respeito do assunto em tela. Estabelece o artigo 436 do código civil platino vigente:

> "Articulo 436. Nulidad de la renuncia. Es nula la renuncia de cualquiera de los cónyuges a la facultad de pedir el divorcio; el pacto o cláusula que restrinja la facultad de solicitar-lo se tiene por no escrito".[115]
> O direito civil argentino e o ordenamento jurídico brasileiro optaram pelo sistema dito "dissolubilista". Nada obstante, Pedro José Maria Chiesa explica qual seria o modelo ideal de regime de casamento:

---
[115] Em português: "Nulidade da renúncia. É nula a renúncia de qualquer dos cônjuges à faculdade de pedir o divórcio; o pacto ou cláusula que restrinja a faculdade de solicitá-lo se tem por não escrita".

"Sistema 'indissolubilista-dissolubilista': regime jurídico com dupla ordem pública optativa; é dizer, os noivos, antes de contrair matrimônio, elegem se a aliança jurídica será passível de dissolução somente em caso de morte (ordem pública indissolubilista), ou, em caso de morte ou divórcio vincular (ordem pública dissolubilista); mas, uma vez que se optou pela ordem pública indissolubilista, esta mantém vigencia ainda que contra a vontade dos esposos, os quais só terão direito a um regime de separação que não restabeleça a capacidade nupcial" (tradução do original em castelhano). [116]

Penso que, à luz do direito brasileiro, nada atravanca o pacto antenupcial aqui sugerido, porquanto a avença anterior ao casamento funcionaria, ao menos, como fator suasório para o futuro comportamento dos cônjuges católicos. Seria espécie de lembrete "apostilado na certidão de casamento", recordando os cônjuges católicos que, ao lume do direito natural e do direito canônico, o vínculo do matrimônio é inquebrantável. Desta feita, antes do divórcio cível pura e simplesmente, certifica-se da nulidade canônica do casamento. Se o casamento for írrito, divorcia-se com a consciência tranquila. Assim como assim, infelizmente, não se me afigura que o pacto antenupcial em apreço goze de força para tornar compulsória a prévia ação eclesiástica de nulidade de casamento, como *conditio sine qua non* para o divórcio. Sendo o divórcio disciplinado por lei de ordem pública, não pode o regime de dissolução do vínculo nupcial ser derrogado pela vontade das partes. Contudo, o pacto antenupcial ainda é útil, na condição de persuadir os cônjuges católicos a ajuizarem, previamente, processo canônico de nulidade

---

[116] Tese doutoral defendida em 2008 na Universidade Nacional de Córdoba, Argentina, sob o título "O direito à proteção constitucional das opções matrimoniais definitivas".

VI – CASAMENTO RELIGIOSO

de casamento. Dever-se-ia, também, estudar a viabilidade de as paróquias e cúrias diocesanas proporem ou, até mesmo, exigirem a ultimação do pacto antenupcial, antes de aprovarem a celebração do casamento canônico. Desafortunadamente, as mudanças na legislação processual canônica, as quais, de certo modo, facilitaram a obtenção de sentença de nulidade, outrossim arrefeceram o entusiasmo por defender, com unhas e dentes, o princípio da indissolubilidade do casamento, empresa a que a Igreja católica se devotou durante muito tempo. Este é o clima que se respira em determinados meandros da justiça eclesiástica: desinteresse por inculcar o dogma da indissolubilidade do casamento. Com efeito, o divórcio continua sendo mal enorme, vicissitude perniciosa para a sociedade política. A lei civil que efetiva o divórcio mostra-se antagônica aos bons costumes, não só em detrimento do direito canônico, mas em detrimento do direito natural. Segundo Santo Tomás de Aquino, toda lei positiva que atrita com o direito natural é, *ipso facto*, iníqua e, portanto, já não é mais lei em sentido próprio.

Quiçá o pacto antenupcial em apreço se redigisse nos seguintes termos:

> "Em consonância com o Código Civil Brasileiro, os cônjuges pactuam que – Deus os livre e guarde! – só recorrerão ao divórcio civil, via judicial, empós de sentença eclesiástica de nulidade do sacramento do matrimônio, transitada em julgado, renunciando terminantemente à escritura de divórcio, lavrada em cartório".

Bastaria a cláusula acima, expressa de forma simples, para que o caminho do divórcio, tão fácil e tão tentador, se tornasse temporariamente impérvio. Cuido que a renúncia ao divórcio extrajudicial, cartorário, permitido pela lei, outrossim, dificulta o caminho para o rompimento do vínculo e estimula a reflexão do casal acerca do importante passo que se pretende dar. O pacto antenupcial, exigido pela paróquia, funcionaria, ao menos, como espécie de antídoto contra o imediatismo dos tempos que correm. Além disso, a referida exigência consubstanciaria o elevado respeito pelo dogma da indissolubilidade do casamento válido e consumado.[117] Seria a salvaguarda do casamento, vínculo indissolúvel, a despeito da equivocada legislação civil. Se o referido pacto não puder ser apostilado na certidão cível de casamento ou noutro documento de natureza cível, ao mesmo seja consignado no processículo matrimonial (expediente eclesiástico) o compromisso dos cônjuges de não se divorciarem antes da manifestação da justiça canônica.

Excurso: "Reforçar a educação dos filhos" – papa Francisco (excerto do capítulo VII da exortação apostólica *Amoris Laetitia*)

Os pais incidem sempre, para bem ou para mal, no desenvolvimento moral dos filhos. Consequentemente, o melhor é aceitarem essa responsabilidade inevitável e realizarem-na de modo consciente, entusiasta, razoável e apropriado. Uma vez que essa função educativa das famílias é tão importante e se tornou muito complexa, quero deter-me de modo especial neste ponto.

Onde estão os filhos?

A família não pode renunciar a ser lugar de apoio, acompanhamento, guia, embora tenha de reinventar os métodos e

---

[117] Para o direito canônico, o matrimônio é válido, se houver consentimento desembaraçado dos nubentes, sem impedimento dirimente, com respeito à forma canônica, e consumado, a partir do momento em que os neocasados copularem.

encontrar novos recursos. Precisa considerar a que realidade quer expor os filhos. Para isso, não deve deixar de se interrogar sobre quem se ocupa de lhes oferecer diversão e entretenimento, quem entra nas suas casas através das diversas telas, a quem os entrega para que os guie nos tempos livres. Só os momentos que passamos com eles, falando com simplicidade e carinho das coisas importantes, e as possibilidades sadias que criamos para ocuparem o tempo permitirão evitar nociva invasão. Sempre faz falta a vigilância; o abandono nunca é sadio. Os pais devem orientar e alertar as crianças e os adolescentes para saberem enfrentar situações onde possa haver risco, por exemplo, de agressões, abuso ou consumo de droga.

A obsessão, porém, não é educativa; e também não é possível ter o controle de todas as situações em que um filho poderá chegar a encontrar-se. Vale aqui o princípio de que "o tempo é superior ao espaço", isto é, trata-se mais de gerar processos que de dominar espaços. Se um progenitor está obcecado com saber onde está o seu filho e controlar todos os seus movimentos, procurará apenas dominar o espaço do filho. Mas, desta forma, não o educará, não o reforçará, não o preparará para enfrentar os desafios. O que interessa acima de tudo é gerar no filho, com muito amor, processos de amadurecimento da liberdade, de preparação, de crescimento integral, de cultivo da autêntica autonomia. Só assim este filho terá em si mesmo os elementos de que precisa para saber defender-se e agir com inteligência e cautela em circunstâncias difíceis. Assim, a grande questão não é onde está fisicamente o filho, com quem está neste momento, mas onde se encontra em sentido existencial, onde está posicionado do ponto de vista das convicções, dos objetivos, dos desejos, do projeto de vida. Por isso, eis as perguntas que faço aos pais: Procuramos compreender "onde" os filhos verdadeiramente estão no seu caminho? Sabemos onde está realmente sua alma? E, sobretudo, queremos sabê-lo?

Se a maturidade fosse apenas o desenvolvimento de algo já contido no código genético, quase nada poderíamos fazer. Mas não é! A prudência, o reto juízo e a sensatez não dependem de fatores puramente quantitativos de crescimento, mas de toda uma cadeia de elementos que se sintetizam no íntimo da pessoa; mais exatamente, no centro da sua liberdade. É inevitável que cada filho nos surpreenda com os projetos que brotam desta liberdade, que rompa nossos esquemas; e é bom que isso aconteça. A educação envolve a tarefa de promover liberdades responsáveis, que, nas encruzilhadas, saibam optar com sensatez e inteligência; pessoas que compreendam sem reservas que sua vida e a vida da comunidade estão nas suas mãos e que essa liberdade é dom imenso.

A formação ética dos filhos

Os pais necessitam também da escola para assegurar uma instrução de base aos seus filhos, mas a formação moral deles nunca a podem delegar totalmente. O desenvolvimento afetivo e ético duma pessoa requer experiência fundamental: crer que os próprios pais são dignos de confiança. Isto constitui responsabilidade educativa: com o carinho e o testemunho, gerar confiança nos filhos, inspirar-lhes respeito amoroso. Quando um filho deixa de sentir que é preciso para os pais, embora imperfeito, ou deixa de notar que nutrem sincera preocupação por ele, isto cria feridas profundas que causam muitas dificuldades no amadurecimento. Essa ausência, esse abandono afetivo provoca sofrimento mais profundo do que a eventual correção recebida pelo mau comportamento.

A tarefa dos pais inclui a educação da vontade e o desenvolvimento de hábitos bons e tendências afetivas para o bem. Isso implica que se apresentem como desejáveis os comportamentos a aprender e as tendências a fazer maturar. Mas trata-se sempre de processo que vai da imperfeição para a plenitude maior. O desejo de se adaptar à sociedade ou o hábito de renunciar à satisfação imediata para se adequar à norma e garantir boa convivência já é, em si mesmo, valor inicial que cria disposições para se elevar depois rumo a valores mais altos. A formação moral deveria realizar-se sempre com métodos ativos e com diálogo educativo que integre a sensibilidade e a linguagem próprias dos filhos. Além disso, essa formação deve ser realizada de forma indutiva, de modo que o filho possa chegar a descobrir por si mesmo a importância de determinados valores, princípios e normas, em vez de lhos impor como verdades indiscutíveis.

Para agir bem, não basta julgar de modo adequado ou saber com clareza aquilo que se deve fazer, embora isso seja prioritário. Com efeito, muitas vezes somos incoerentes com nossas convicções, mesmo quando são sólidas. Há ocasiões em que, por mais que a consciência nos dite determinado juízo moral, têm mais poder outras coisas que nos atraem; isso acontece, se não conseguirmos que o bem individuado pela mente se radique em nós como profunda inclinação afetiva, como gosto pelo bem que pese mais do que outros atrativos e nos faça perceber que aquilo que individuamos como bem é tal também para nós aqui e agora. A formação ética válida implica mostrar à pessoa como é conveniente, para ela mesma, agir bem. Muitas vezes, hoje, é ineficaz pedir algo que exija esforço e renúncias, sem mostrar claramente o bem que se poderia alcançar com isso.

É necessário maturar hábitos. Os hábitos adquiridos em criança têm função positiva, ajudando a traduzir em comportamentos externos sadios e estáveis os grandes valores interiorizados. Uma pessoa pode possuir sentimentos sociáveis e boa disposição para com os outros, mas se não foi habituada durante muito tempo, por insistência dos adultos, a dizer "por favor", "com licença", "obrigado", a tal boa disposição interior não se traduzirá facilmente nessas expressões. O fortalecimento da vontade e a repetição de determinadas ações constroem a conduta moral; mas, sem a repetição consciente, livre e elogiada de determinados comportamentos bons, nunca se chega a educar tal conduta. As motivações ou a atracção que sentimos por determinado valor não se tornam virtude sem esses atos adequadamente motivados.

A liberdade é algo de grandioso, mas podemos perdê-la. A educação moral é cultivar a liberdade através de propostas, motivações, aplicações práticas, estímulos, prêmios, exemplos, modelos, símbolos, reflexões, exortações, revisões do modo de agir e diálogos que ajudem as pessoas a desenvolver aqueles princípios interiores estáveis que movem a praticar espontaneamente o bem. A virtude é convicção que se transformou em princípio interior e estável do agir. Assim, a vida virtuosa constrói a liberdade, fortifica-a e educa-a, evitando que a pessoa se torne escrava de inclinações compulsivas desumanizadoras e antissociais. Com efeito, a dignidade humana exige que cada um proceda segundo a consciência e por livre adesão, ou seja, movido e induzido pessoalmente desde dentro.

O valor da sanção como estímulo

De igual modo, é indispensável sensibilizar a criança e o adolescente para se darem conta de que as más ações têm consequências. É preciso despertar a capacidade de colocar-se no

VI – CASAMENTO RELIGIOSO

lugar do outro e sentir pesar pelo sofrimento originado pelo mal que lhe fez. Algumas sanções – aos comportamentos antissociais agressivos – podem parcialmente cumprir essa finalidade. É importante orientar a criança, com firmeza, para que peça perdão e repare o mal causado aos outros. Quando o percurso educativo mostra os frutos no amadurecimento da liberdade pessoal, a dado momento o filho começará a reconhecer, com gratidão, que foi bom para ele crescer em uma família e também suportar as exigências impostas por todo o processo formativo.

A correção é estímulo quando, ao mesmo tempo, se apreciam e reconhecem os esforços e quando o filho descobre que os pais conservam viva uma paciente confiança. Uma criança corrigida com amor sente-se tida em consideração, percebe que é alguém, dá-se conta de que os pais reconhecem suas potencialidades. Isso não exige que os pais sejam irrepreensíveis, mas que saibam reconhecer, com humildade, seus limites e mostrem esforço pessoal por ser melhores. Mas um testemunho de que os filhos precisam da parte dos pais é que estes não se deixem levar pela ira. O filho, que comete má ação deve ser corrigido, mas nunca como inimigo ou como alguém sobre quem se descarrega agressividade. Além disso, um adulto deve reconhecer que algumas más ações têm a ver com as fragilidades e os limites da idade. Por isso, seria nociva a atitude constantemente punitiva, porque não ajudaria a notar a diferente gravidade das ações e provocaria desânimo e exasperação: "Vós, pais, não exaspereis os vossos filhos" (*Ef* 6,4; cf. *Col* 3,21).

Condição fundamental é que a disciplina não se transforme em mutilação do desejo, mas se torne estímulo para ir sempre mais além. Como integrar disciplina e dinamismo interior? Como fazer para que a disciplina seja limite construtivo do caminho que a criança deve empreender e não muro que a aniquile ou faceta da educação que a iniba? É preciso saber encontrar equilíbrio entre dois extremos igualmente nocivos: um seria pretender construir o mundo à medida dos desejos do filho, que cresceria sentindo-se sujeito de direitos, mas não de responsabilidades; o outro extremo seria levá-lo a viver sem consciência da sua dignidade, da sua identidade singular e dos seus direitos, torturado pelos deveres e submetido à realização dos desejos alheios.

Realismo paciente

A educação moral implica pedir à criança ou ao jovem apenas aquelas coisas que não representem, para eles, sacrifício desproporcionado, exigir-lhes apenas a dose de esforço que não provoque ressentimento ou ações puramente forçadas. O percurso normal é propor pequenos passos que possam ser compreendidos, aceitos e apreciados, e impliquem renúncia proporcionada. Caso contrário, pedindo demasiado, nada se obtém. A pessoa, logo que puder livrar-se da autoridade, provavelmente deixará de praticar o bem.

Por vezes, a formação ética provoca desprezo devido a experiências de abandono, desilusão, carência afetiva, ou à má imagem dos pais. Projetam-se sobre os valores éticos as imagens distorcidas das figuras do pai e da mãe ou as fraquezas dos adultos. Por isso, é preciso ajudar os adolescentes a porem em prática a analogia: os valores são cumpridos perfeitamente por algumas pessoas muito exemplares, mas também se realizam de forma imperfeita e em diferentes graus. E uma vez que as resistências dos jovens estão muito ligadas a experiências negativas, é preciso ao mesmo tempo ajudá-los a percorrer itinerário de cura deste mundo interior ferido, para poderem ter acesso à compreensão e à reconciliação com as pessoas e com a sociedade.

Quando se propõem os valores, é preciso fazê-lo pouco a pouco, avançar de maneira diferente segundo a idade e as possibilidades concretas, sem pretender aplicar metodologias rígidas e imutáveis. A psicologia e as ciências da educação, com suas valiosas contribuições, mostram que é necessário processo gradual para se conseguirem mudanças de comportamento e também que a liberdade precisa ser orientada e estimulada, porque, abandonando-a a si mesma, não se garante sua maturação. A liberdade efetiva, real, é limitada e condicionada. Não é pura capacidade de escolher o bem, com total espontaneidade. Nem sempre se faz distinção adequada entre ato voluntário e ato livre. Uma pessoa pode querer algo de mal com grande força de vontade, mas por causa duma paixão irresistível ou duma educação deficiente. Neste caso, sua decisão é fortemente voluntária, não contradiz a inclinação da vontade, mas não é livre, porque lhe resulta quase impossível não escolher aquele mal. É o que acontece com um dependente compulsivo da droga: quando a quer, fá-lo com todas as forças, mas está tão condicionado que, na hora, não é capaz de tomar outra decisão. Portanto, sua decisão é voluntária, mas não livre. Não tem sentido deixá-lo escolher livremente, porque, de fato, não pode escolher, e expô-lo à droga só aumenta a dependência. Precisa da ajuda dos outros e de percurso educativo.

ANEXO:
ACORDO BRASIL–SANTA SÉ

DECRETO Nº 7.107, DE 11 DE FEVEREIRO DE 2010

Promulga o Acordo entre o Governo da República Federativa do Brasil e a Santa Sé relativo ao Estatuto Jurídico da Igreja Católica no Brasil, firmado na Cidade do Vaticano, em 13 de novembro de 2008.

O PRESIDENTE DA REPÚBLICA, no uso da atribuição que lhe confere o art. 84, inciso IV, da Constituição, e

Considerando que o Governo da República Federativa do Brasil e a Santa Sé celebraram, na Cidade do Vaticano, em 13 de novembro de 2008, um Acordo relativo ao Estatuto Jurídico da Igreja Católica no Brasil;

Considerando que o Congresso Nacional aprovou esse Acordo por meio do Decreto Legislativo nº 698, de 7 de outubro de 2009;

Considerando que o Acordo entrou em vigor internacional em 10 de dezembro de 2009, nos termos de seu Artigo 20;

DECRETA:

Art. 1º O Acordo entre o Governo da República Federativa do Brasil e a Santa Sé relativo ao Estatuto Jurídico da Igreja Católica no Brasil, firmado na Cidade do Vaticano, em 13 de novembro de 2008, apenso por cópia ao presente Decreto, será executado e cumprido tão inteiramente como nele se contém.

Art. 2º São sujeitos à aprovação do Congresso Nacional quaisquer atos que possam resultar em revisão do referido Acordo, assim como quaisquer ajustes complementares que, nos termos do <u>art. 49, inciso I, da Constituição</u>, acarretem encargos ou compromissos gravosos ao patrimônio nacional.

Art. 3º Este Decreto entra em vigor na data de sua publicação.

Brasília, 11 de fevereiro de 2010; 189º da Independência e 122º da República.

LUIZ INÁCIO LULA DA SILVA
Celso Luiz Nunes Amorim

Acordo entre a República Federativa do Brasil e a Santa Sé relativo ao estatuto jurídico da Igreja Católica no Brasil

A República Federativa do Brasil
e
A Santa Sé
(doravante denominadas Altas Partes Contratantes),
Considerando que a Santa Sé é a suprema autoridade da Igreja Católica, regida pelo Direito Canônico;
Considerando as relações históricas entre a Igreja Católica e o Brasil e suas respectivas responsabilidades a serviço da sociedade e do bem integral da pessoa humana;
Afirmando que as Altas Partes Contratantes são, cada uma na própria ordem, autônomas, independentes e soberanas e cooperam para a construção de uma sociedade mais justa, pacífica e fraterna;
Baseando-se, a Santa Sé, nos documentos do Concílio Vaticano II e no Código de Direito Canônico, e a República Federativa do Brasil, no seu ordenamento jurídico;
Reafirmando a adesão ao princípio, internacionalmente reconhecido, de liberdade religiosa;
Reconhecendo que a Constituição brasileira garante o livre exercício dos cultos religiosos;
Animados da intenção de fortalecer e incentivar as mútuas relações já existentes;

Convieram no seguinte:

Artigo 1º

As Altas Partes Contratantes continuarão a ser representadas, em suas relações diplomáticas, por um Núncio Apostólico acreditado junto à República Federativa do Brasil e por um Embaixador(a) do Brasil acreditado(a) junto à Santa Sé, com as imunidades e garantias asseguradas pela Convenção de Viena sobre Relações Diplomáticas, de 18 de abril de 1961, e demais regras internacionais.

Artigo 2º

A República Federativa do Brasil, com fundamento no direito de liberdade religiosa, reconhece à Igreja Católica o direito de desempenhar a sua missão apostólica, garantindo o exercício público de suas atividades, observado o ordenamento jurídico brasileiro.

Artigo 3º

A República Federativa do Brasil reafirma a personalidade jurídica da Igreja Católica e de todas as Instituições Eclesiásticas que possuem tal personalidade em conformidade com o direito canônico, desde que não contrarie o sistema constitucional e as leis brasileiras, tais como Conferência Episcopal, Províncias Eclesiásticas, Arquidioceses, Dioceses, Prelazias Territoriais ou Pessoais, Vicariatos e Prefeituras Apostólicas, Administrações Apostólicas, Administrações Apostólicas Pessoais, Missões *Sui Iuris*, Ordinariado Militar e Ordinariados para os Fiéis de Outros Ritos, Paróquias, Institutos de Vida Consagrada e Sociedades de Vida Apostólica.

§ 1º. A Igreja Católica pode livremente criar, modificar ou extinguir todas as Instituições Eclesiásticas mencionadas no *caput* deste artigo.

§ 2º. A personalidade jurídica das Instituições Eclesiásticas será reconhecida pela República Federativa do Brasil mediante a inscrição no respectivo registro do ato de criação, nos termos da legislação brasileira, vedado ao poder público negar-lhes reconhecimento ou registro do ato de criação, devendo também ser averbadas todas as alterações por que passar o ato.

Artigo 4º

A Santa Sé declara que nenhuma circunscrição eclesiástica do Brasil dependerá de Bispo cuja sede esteja fixada em território estrangeiro.

Artigo 5º

As pessoas jurídicas eclesiásticas, reconhecidas nos termos do Artigo 3º, que, além de fins religiosos, persigam fins de assistência e solidariedade social, desenvolverão a própria atividade e gozarão de todos os direitos, imunidades, isenções e benefícios atribuídos às entidades com fins de natureza semelhante previstos no ordenamento jurídico brasileiro, desde que observados os requisitos e obrigações exigidos pela legislação brasileira.

Artigo 6º

As Altas Partes reconhecem que o patrimônio histórico, artístico e cultural da Igreja Católica, assim como os documentos custodiados nos seus arquivos e bibliotecas, constituem parte relevante do patrimônio cultural brasileiro, e continuarão a cooperar para salvaguardar, valorizar e promover a fruição dos bens, móveis e imóveis, de propriedade da Igreja Católica ou de outras pessoas jurídicas eclesiásticas, que sejam considerados pelo Brasil como parte de seu patrimônio cultural e artístico.

§ 1º. A República Federativa do Brasil, em atenção ao princípio da cooperação, reconhece que a finalidade própria dos bens eclesiásticos mencionados no *caput* deste artigo deve ser salvaguardada pelo ordenamento jurídico brasileiro, sem prejuízo de outras finalidades que possam surgir da sua natureza cultural.

§ 2º. A Igreja Católica, ciente do valor do seu patrimônio cultural, compromete-se a facilitar o acesso a ele para todos os que o queiram conhecer e estudar, salvaguardadas as suas finalidades religiosas e as exigências de sua proteção e da tutela dos arquivos.

Artigo 7º

A República Federativa do Brasil assegura, nos termos do seu ordenamento jurídico, as medidas necessárias para garantir a proteção dos lugares de culto da Igreja Católica e de suas liturgias, símbolos, imagens e objetos cultuais, contra toda forma de violação, desrespeito e uso ilegítimo.

§ 1º. Nenhum edifício, dependência ou objeto afeto ao culto católico, observada a função social da propriedade e a legislação, pode ser demolido, ocupado, transportado, sujeito a obras ou destinado pelo Estado e entidades públicas a outro fim, salvo por necessidade ou utilidade pública, ou por interesse social, nos termos da Constituição brasileira.

Artigo 8º

A Igreja Católica, em vista do bem comum da sociedade brasileira, especialmente dos cidadãos mais necessitados, compromete-se, observadas as exigências da lei, a dar assistência espiritual aos fiéis internados em estabelecimentos de saúde, de assistência social, de educação ou similar, ou detidos em estabelecimento prisional ou similar, observadas as normas de cada estabelecimento, e que, por essa razão, estejam impedidos de exercer em condições normais a prática religiosa e a requeiram. A República Federativa do Brasil garante à Igreja Católica o direito de exercer este serviço, inerente à sua própria missão.

Artigo 9º
O reconhecimento recíproco de títulos e qualificações em nível de Graduação e Pós-Graduação estará sujeito, respectivamente, às exigências dos ordenamentos jurídicos brasileiro e da Santa Sé.

Artigo 10
A Igreja Católica, em atenção ao princípio de cooperação com o Estado, continuará a colocar suas instituições de ensino, em todos os níveis, a serviço da sociedade, em conformidade com seus fins e com as exigências do ordenamento jurídico brasileiro.

§ 1º. A República Federativa do Brasil reconhece à Igreja Católica o direito de constituir e administrar Seminários e outros Institutos eclesiásticos de formação e cultura.

§ 2º. O reconhecimento dos efeitos civis dos estudos, graus e títulos obtidos nos Seminários e Institutos antes mencionados é regulado pelo ordenamento jurídico brasileiro, em condição de paridade com estudos de idêntica natureza.

Artigo 11

A República Federativa do Brasil, em observância ao direito de liberdade religiosa, da diversidade cultural e da pluralidade confessional do País, respeita a importância do ensino religioso em vista da formação integral da pessoa.

§1º. O ensino religioso, católico e de outras confissões religiosas, de matrícula facultativa, constitui disciplina dos horários normais das escolas públicas de ensino fundamental, assegurado o respeito à diversidade cultural religiosa do Brasil, em conformidade com a Constituição e as outras leis vigentes, sem qualquer forma de discriminação.

Artigo 12

O casamento celebrado em conformidade com as leis canônicas, que atender também às exigências estabelecidas pelo direito brasileiro para contrair o casamento, produz os efeitos civis, desde que registrado no registro próprio, produzindo efeitos a partir da data de sua celebração.

§ 1º. A homologação das sentenças eclesiásticas em matéria matrimonial, confirmadas pelo órgão de controle superior da Santa Sé, será efetuada nos termos da legislação brasileira sobre homologação de sentenças estrangeiras.

Artigo 13

É garantido o segredo do ofício sacerdotal, especialmente o da confissão sacramental.

Artigo 14

A República Federativa do Brasil declara o seu empenho na destinação de espaços a fins religiosos, que deverão ser previstos nos instrumentos de planejamento urbano a serem estabelecidos no respectivo Plano Diretor.

Artigo 15

Às pessoas jurídicas eclesiásticas, assim como ao patrimônio, renda e serviços relacionados com as suas finalidades essenciais, é reconhecida a garantia de imunidade tributária referente aos impostos, em conformidade com a Constituição brasileira.

§ 1º. Para fins tributários, as pessoas jurídicas da Igreja Católica que exerçam atividade social e educacional sem finalidade lucrativa receberão o mesmo tratamento e benefícios outorgados às entidades filantrópicas reconhecidas pelo ordenamento jurídico brasileiro, inclusive, em termos de requisitos e obrigações exigidos para fins de imunidade e isenção.

Artigo 16

Dado o caráter peculiar religioso e beneficente da Igreja Católica e de suas instituições:

I - O vínculo entre os ministros ordenados ou fiéis consagrados mediante votos e as Dioceses ou Institutos Religiosos e equiparados é de caráter religioso e portanto, observado o disposto na legislação trabalhista brasileira, não gera, por si mesmo, vínculo empregatício, a não ser que seja provado o desvirtuamento da instituição eclesiástica.

II - As tarefas de índole apostólica, pastoral, litúrgica, catequética, assistencial, de promoção humana e semelhantes poderão ser realizadas a título voluntário, observado o disposto na legislação trabalhista brasileira.

Artigo 17

Os Bispos, no exercício de seu ministério pastoral, poderão convidar sacerdotes, membros de institutos religiosos e leigos, que não tenham nacionalidade brasileira, para servir no território de suas dioceses, e pedir às autoridades brasileiras, em nome deles, a concessão do visto para exercer atividade pastoral no Brasil.

§ 1º. Em consequência do pedido formal do Bispo, de acordo com o ordenamento jurídico brasileiro, poderá ser concedido o visto permanente ou temporário, conforme o caso, pelos motivos acima expostos.

Artigo 18
O presente acordo poderá ser complementado por ajustes concluídos entre as Altas Partes Contratantes.

§ 1º. Órgãos do Governo brasileiro, no âmbito de suas respectivas competências e a Conferência Nacional dos Bispos do Brasil, devidamente autorizada pela Santa Sé, poderão celebrar convênio sobre matérias específicas, para implementação do presente Acordo.

Artigo 19
Quaisquer divergências na aplicação ou interpretação do presente acordo serão resolvidas por negociações diplomáticas diretas.

Artigo 20
O presente acordo entrará em vigor na data da troca dos instrumentos de ratificação, ressalvadas as situações jurídicas existentes e constituídas ao abrigo do Decreto nº 119-A, de 7 de janeiro de 1890 e do Acordo entre a República Federativa do Brasil e a Santa Sé sobre Assistência Religiosa às Forças Armadas, de 23 de outubro de 1989.

Feito na Cidade do Vaticano, aos 13 dias do mês de novembro do ano de 2008, em dois originais, nos idiomas português e italiano, sendo ambos os textos igualmente autênticos.

PELA REPÚBLICA FEDERATIVA DO BRASIL
Celso Amorim
Ministro das Relações Exteriores

PELA SANTA SÉ

Dominique Mamberti
Secretário para Relações com os Estados

Fonte: http://www.planalto.gov.br/ccivil_03/_Ato2007-2010/2010/Decreto/d7107.htm

BIBLIOGRAFIA

Fonte divina

A Bíblia de Jerusalém – Novo Testamento (Edições Paulinas, São Paulo, 1979.

Fonte eclesiástica

Constituição dogmática *Gaudium et spes* (Concílio Vaticano II).
Declaração *Dignitatis Humanae* (Concílio Vaticano II).
Declaração *Gravissimum Educationis* (Concílio Vaticano II).
São Paulo VI, *Populorum Progressio*.
Leão XIII, *Rerum novarum*.
Immortale Dei.
Catecismo da Igreja Católica, editoras Vozes e Loyola, São Paulo, 1993.
Considerações sobre os projetos de reconhecimento legal das uniões entre pessoas homossexuais (Congregação para a Doutrina da Fé).
Documento n. 64 da Conferência Nacional dos Bispos do Brasil (CNBB).

Fonte jurídica

Constituição da República Federativa do Brasil
Codex Iuris Canonici
Decreto n.7.107/2010: Acordo Brasil-Santa Sé
Estatuto do Ordinariato Militar do Brasil

Livros

Santo Agostinho, *Confissões*. Editora Martin Claret, São Paulo, 2002.
São João Paulo II, *Insegnamenti di Giovanni Paolo II*, Libreria Editrice Vaticana, Vaticano, 1987.
Bento XVI - Ratzinger, Joseph, *Sal da Terra*, Editora Imago, Rio de Janeiro, 1997.
Aquino, Francisco Felipe, *Cartas Pastorais*, Arquidiocese de Cuibá, Cuibá, 1942.
Aurélio Buarque de Holanda, *Novo Aurélio, Século XXI*, Nova Fronteira, Rio de Janeiro, 1999.
Baldisseri, Lorenzo, *Diplomacia Pontifícia. Acordo Brasil–Santa Sé. Intervenções*. LTR, São Paulo, 2011.
Bastos, Celso; Martins, Ives Gandra, *Comentários à Constituição do Brasil* (vários volumes), Saraiva, São Paulo, 1988.
Borja, Célio, *Acordo Brasil – Santa Sé Comentado* (orgs.: Lorenzo Baldisseri e Ives Gandra M. Filho). Editora LTR, São Paulo, 2012.
Brandão, Carlos da Fonseca, *LDB passo a passo*. Avercamp Editora, São Paulo, 2003.
Caldas Aulete, *Dicionário Contemporâneo da Língua Portuguesa*, vol. IV, Delta, Rio de Janeiro, 1964.

Cavalcanti, Temístocles Brandão, *A Constituição Federal Comentada*, vol. I, Editora Konfino, Rio de Janeiro, 1956.

Carrazza, Roque, *Curso de Direito Constitucional Tributário*, editora Revista dos Tribunais, São Paulo, 1991.

Carrazza, Roque, *Imunidades Tributárias dos Templos e Instituições Religiosas*, Editora Noeses, São Paulo, 2015.

Cenalmor, Daniel, *El Derecho de la Igelsia* (Co-org.: Jorge Miras). EUNSA, Navarra, 2004.

Cifuentes, Rafael Llano, *Curso de Direito Canônico*. Saraiva, São Paulo, 1971.

Cretella Júnior, José, *Comentários à Constituição de 1988* (vários volumes). Editora Forense Universitária, São Paulo, 1992.

Dip, Ricardo, *Direito Natural, uma visão humanista*. Carlos Aurélio Mota de Souza (org.), editora Cidade Nova, São Paulo, 2012.

Franca, Leonel, *Polêmicas*, Editora Agir, Rio de Janeiro, 1953.

Freire, Gilberto, *Casa Grande e Senzala*, São Paulo, 1946.

Marciano Vidal, *Dicionário de Teologia Moral*, Paulus, São Paulo, 1997.

Messner, Johannes, Ética Social, Editora Quadrante, São Paulo, 1999.

Monteiro, Washington de Barros, *Curso de Direito Civil - Parte Geral*, Saraiva, São Paulo, 1983;

Curso de Direito Civil, Direito de Família, Saraiva, São Paulo, 1992.

Olivier de La Brosse *et allii*, *Dicionário de Termos da Fé*, Editora Santuário, Aparecida, 1989.

Otaduy, Jorge, *Diccionario General de Derecho Canónico* (orgs.: Javier Otaduy, Antonio Viana e Joaquim Sedano). Volume III, Universidade de Navarra, Navarra, 2012.

Ripert, Georges, *A regra moral nas obrigações civis*, Bookseller, Campinas, 2000.

Sampel, Edson Luiz, *A responsabilidade cristã na administração pública*, Paulus, São Paulo, 2011;

O Direito e a Família (organizadores: Ives Gandra Martins e Paulo de Barros Carvalho), Noeses, São Paulo, 2014.

Silveira Bueno, *Grande Dicionário Etimológico Prosódico da Língua Portuguesa*, vol. V, Editora Saraiva, São Paulo, 1968.

Trigo, Tomás, *Diccionário General de Derecho Canónico*, vol. V, Universidade de Navarrra, Navarrra, 2012.

Silveira Bueno, *Grande Dicionário Etimológico Prosódico da Língua Portuguesa*, vol. 2, Saraiva, São Paulo, 1968.

Cifuentes, Rafael Llano, *Novo Direito Matrimonial Canônico*, Marques Saraiva, Rio de Janeiro, 1988.

Revista e outras fontes

Celso Ribeiro Bastos, *Do Direito Fundamental à Liberdade de Consciência e de Crença*, p. 109 e 110, in *Revista de Direito Constitucional Internacional*, n. 36, Editora Revista dos Tribunais, São Paulo, 2001.

M. Neto, Diogo de Figueiredo, *Moralidade Administrativa: do conceito à efetivação*, in Revista de Direito Administrativo, n. 190, p. 2, Rio de Janeiro, Fundação Getúlio Vargas, 1991.

Chiesa, Pedro José Maria, Tese doutoral defendida em 2008 na Universidade Nacional de Córdoba, Argentina, sob o título "O direito à proteção constitucional das opções matrimoniais definitivas".

Santos, Lúcio Rafael Araújo, *Princípio da Moralidade Administrativa*. Artigo publicado no site direitonet.com

Enciclopédia Saraiva do Direito, verbete "Bons Costumes", p. 129. São Paulo, 1978.

Sítio cibernético do STF

A marca FSC® é a garantia de que a madeira utilizada na fabricação do papel deste livro provém de florestas que foram gerenciadas de maneira ambientalmente correta, socialmente justa e economicamente viável.

Este livro foi composto com as famílias tipográficas Nofret e Adobe Caslon Pro e impresso em papel offset 63g/m² pela **Gráfica Santuário**.